dtv

Ausführliche Informationen über
unsere Autoren und Bücher
finden Sie auf unserer Website
www.dtv.de

Anselm Grün

Die Kunst, das rechte Maß zu finden

Deutscher Taschenbuch Verlag

Von Anselm Grün sind
im Deutschen Taschenbuch Verlag u. a. erschienen:
Menschen führen – Leben wecken (34277)
Du bist ein Segen (34474)
Königin und wilde Frau (34585)
Die hohe Kunst des Älterwerdens (34624)
Trau deiner Kraft (34664)
Gott, Geld und Gewissen (34785)

Auch als E-Book erhältlich

Originalausgabe 2014
2014 Deutscher Taschenbuch Verlag GmbH & Co. KG,
München
© by Vier-Türme GmbH, Verlag,
D 97359 Münsterschwarzach Abtei
Das Werk ist urheberrechtlich geschützt.
Sämtliche, auch auszugsweise Verwertungen
bleiben vorbehalten.
Umschlagkonzept: Balk & Brumshagen
Umschlagfoto: Micha Pawlitzki
Satz: Bernd Schumacher, Augsburg
Druck und Bindung: GGP Media GmbH, Pößneck
Gedruckt auf säurefreiem, chlorfrei gebleichtem Papier
Printed in Germany · ISBN 978-3-423-28040-2

Inhalt

Einleitung 7

Die Balance halten 13
Die Balance zwischen Geiz und Verschwendung 13
Die Balance zwischen Selbstentwertung und Hochmut 19
Die Balance zwischen Selbstsorge und Sorge
für den andern 24
Unsere Erwartungen an die andern 28
Sich nicht so empören 33
Ja sagen zu unserer Durchschnittlichkeit 35
Die Erwartungen der andern an uns 41

Achtsam mit der Schöpfung umgehen 44
Nachhaltigkeit im Umgang mit der Schöpfung 44
Nachhaltigkeit im Umgang mit uns selbst 47
Genug ist nicht genug 52
Maß für unsere Arbeit, Maß für unsere Kräfte 53
Disziplin und Ordnung 56
Das richtige Zeitmaß 61

Im Rhythmus leben 64
Die Kraft der Rituale 70
Bei einer Sache bleiben 76
Die eigene Mitte finden 78
discretio – ein Kernbegriff mit vielen Facetten 83
discretio im Umgang mit Menschen 88
Das Wichtige vom Unwichtigen trennen 90
Besinnung auf das Wesentliche 92
Achtsamkeit und Aufmerksamkeit 96
Demut als eine Form des Mutes 103

Was der Mensch braucht 112
Besinnung auf das Geheimnis unseres Menschseins 113
Sich der Arbeit hingeben 116
Die eigenen Bedürfnisse nicht an den Bedürfnissen anderer messen 119
Was macht mich reich? 124
In sich ruhen, sich nicht treiben lassen 129
Auf dem Teppich bleiben 137
Gut ist besser als perfekt 139
Schönheit und Maß 147
»Wie zahlreich sind doch die Dinge, derer ich nicht bedarf« 151

Schluss 155

Literaturnachweis 160

Einleitung

Ein Leben ohne Maß ist nicht vorstellbar. Täglich messen und wiegen wir die Dinge, mit denen wir zu tun haben. Wir nehmen Maß. Wir versuchen, angemessen zu reagieren, wenn uns jemand kritisiert. Wir schauen, ob unser Maß voll ist. Wenn das Maß voll ist, können wir nicht mehr messen. Dann läuft die Energie über. Sie geht uns verloren. Wir sind dann ausgeschöpft, erschöpft. Wer in Maßen und mit Maßen lebt, der wird nicht so leicht erschöpft werden. Wer jedoch über alle Maßen lebt, wer sich selbst übernimmt und überfordert, der braucht sich nicht zu wundern, wenn er sich irgendwann als ausgebrannt erlebt. Er lebt nach falschen Maßstäben. Er maßt sich etwas an, was ihm nicht angemessen ist. Wir haben ein Gespür für Menschen, die sich etwas anmaßen, was ihnen nicht zusteht. Sie sind für uns unangenehm. Wir lehnen instinktiv jede Anmaßung ab. Es kommt darauf an, das Ebenmaß zu entdecken, das Maß, das für uns stimmt.

Das deutsche Wort »Maß« meint ursprünglich die

zugemessene, die ausgemessene Menge. Es hängt also zusammen mit den Begriffen »messen« und »abstecken«, und es hat mit dem Messer zu tun, das etwas absteckt und abschneidet. Wir sprechen ja heute noch vom Durchmesser oder vom Windmesser. Richtig zu messen bedeutet also auch, die eigenen Grenzen korrekt abzustecken. Ebenso gehört das Wort »Mal« in diese Wortfamilie, das ursprünglich ganz genauso das Abgesteckte und Abgemessene meinte. Es ist verwandt mit dem griechischen Wort *metron* = Maß und steckt gleichzeitig in den Wörtern *meditari* = nachdenken und *medicus* = der klug ermessende, weise Ratgeber. Bereits an der Wortbedeutung können wir also erkennen, dass es uns guttut, angemessen Maß zu nehmen, das richtige Maß abzustecken, die richtigen Maßstäbe für unser Denken und Tun anzulegen. Das alles ist heilsam für uns. Wer das rechte Maß in sich hat, der hat einen inneren Ratgeber, einen inneren Arzt in sich, der dafür sorgt, dass er ein angemessenes Leben führt, das ihn vor manchem Übel, ja sogar vor Krankheiten bewahrt. Er maßt sich nicht an, gegen seine Natur, gegen sein inneres Maß zu leben. Und schließlich hängt das Wort Maß auch mit Muße zusammen. Wer das rechte Maß lebt, der hat auch Muße, der kommt zur Ruhe. Er gönnt sich die Ruhe, die er für sich braucht. Vom rechten Maß hängt das Gelingen unseres Lebens ab.

Schon das Umfeld des Wortes »Maß« führt uns also

in viele Bereiche unseres Lebens hinein, es berührt die unterschiedlichsten Aspekte: den Konsum, den Umgang mit der Schöpfung, den Umgang mit uns selbst, die Arbeit, die wir im Beruf leisten, aber auch das Engagement, das wir oft ehrenamtlich in Vereinen aufbringen, sowie die Gestaltung des Tages und der Freizeit. Das rechte Maß tut dem Menschen gut. Das wusste bereits der hl. Benedikt, der vor 1500 Jahren für seine Mönche eine Regel aufgestellt hat. Darin nennt er die *discretio*, die Tugend der weisen Mäßigung – oder der weisen Unterscheidungsgabe –, die Mutter aller Tugenden. Sie befähigt uns zu einem guten Leben.

Beim Thema Maßhalten geht es daher nicht um moralische Appelle, sondern um einen Weg zu einem gesunden, zu einem wertvollen Leben. Wenn wir in ein Glas, das schon mit Wein gefüllt ist, immer noch mehr hineingießen, dann wird er sich auf dem Tisch oder später auf dem Boden ausbreiten. Er kann nicht mehr getrunken werden. Der kostbare Wein geht verloren. Das rechte Maß ist also nicht nur eine Tugend, sondern auch ein Wert, der unser Leben wert-voll macht. Alles, was maßlos ist, verliert seinen Wert. Das wissen wir auch aus der Betriebswirtschaft. Wenn Güter ohne Maß produziert werden, verlieren sie ihren Wert. Werte machen das Leben wertvoll. Werte schützen die Würde des Menschen. Und Werte – im Englischen: *value*, abgeleitet vom lateinischen Wort *valere* = gesund sein –

sind eine Quelle der Gesundheit. Der Wert des Maßes fördert also auch die Gesundheit des Menschen und der menschlichen Gesellschaft.

Wenn wir in unsere Welt hineinschauen, so stoßen wir überall auf Maßlosigkeit. Wir können uns zwar viel leisten, aber wir sind nicht zufrieden dabei. Für den Arzt Wilhelm Schmid-Bode ist der Kern aller Unzufriedenheit das Leiden am Zuviel: »Zu viele Verpflichtungen, zu viel Arbeit, zu viel Druck, zu viel Besitz, zu viel Lärm, zu viele Angebote, ob es sich um modische oder geistige Trends handelt. Wir haben in fast allem das Maß verloren und ständig das Gefühl, die Zeit renne uns davon. Maßlosigkeit ist die Ursache jeder Sucht und schuld an jedem Problem, das sich mit dem Zuviel herumschlägt.«[*]

Schmid-Bode spricht von der Unzufriedenheit, die vom Zuviel erzeugt wird. Oft handelt es sich dabei um eine Überforderung. Menschen sind in einem Supermarkt, in dem es zu viele Sorten von Käse oder Marmelade gibt, bei ihren Einkäufen leicht überfordert. Sie brauchen zu viel Energie und Zeit, um eine Entscheidung zu treffen bei Dingen, die früher ganz einfach waren. Als Arzt plädiert er für ein maßvolles Leben. Interessant ist, dass er dabei auf die Weisheit der Klöster zurückgreift, auch wenn er sich von der konkreten

---

[*] Schmid-Bode, S. 21 f.

Kirche entfernt hat. Die Weisheit der Klöster gerade im Blick auf das maßvolle Leben beeindruckt ihn.

So möchte ich in diesem Buch im Rückgriff auf die Regel des hl. Benedikt und auf die spirituelle Tradition der frühen Mönche einige Aspekte aufzeigen, wie wir heute wieder lernen können, maßvoll mit uns selbst, miteinander und mit der Natur zu leben. Schon Papst Gregor der Große hob den Aspekt des rechten Maßes hervor, das die Regel Benedikts auszeichnet. Alle Anordnungen in der Regel sind von dieser weisen Mäßigung geprägt. So schreibt Benedikt dem Abt ins Gewissen: »In seinen Befehlen sei er vorausschauend und besonnen. Bei geistlichen wie bei weltlichen Aufträgen unterscheide er genau und halte Maß. Er denke an die maßvolle Unterscheidung des heiligen Jakob, der sprach: ›Wenn ich meine Herden unterwegs überanstrenge, werden alle an einem Tage zugrunde gehen.‹ Diese und andere Zeugnisse maßvoller Unterscheidung, der Mutter aller Tugenden, beherzige er. So halte er in allem Maß, damit die Starken finden, wonach sie verlangen, und die Schwachen nicht davonlaufen.« (RB 64,17-19)

Was will er damit sagen? Benedikt spricht hier gleich mehrere Bereiche an. Er geht davon aus, dass man beim Wirtschaften der Maßlosigkeit verfallen kann und dass maßloses Wirtschaften immer in den Abgrund führt. Aber man kann auch in seiner Spiritualität maßlos sein.

Wer das rechte Maß in seiner Frömmigkeit verliert, der geht an sich selbst und an Gott vorbei. Und nicht zuletzt bedeutet maßhalten auch: die Überanstrengung zu meiden. Das weise Maß ist aber nicht gleichzusetzen mit Mittelmäßigkeit. Es soll vielmehr die Starken herausfordern, noch weiter zu wachsen, Freude zu haben an ihren Stärken. Aber auch die Schwachen sollen nicht entmutigt werden.

In den Regeln Benedikts steckt für mich so viel Weisheit, dass ich sie in diesem Buch als gangbaren Weg für uns entfalten möchte. Dabei gehe ich immer wieder von den Erfahrungen des heutigen Menschen aus und konfrontiere sie mit den Worten und Weisungen Benedikts. In unser Kloster kommen viele Menschen, die unter der Maßlosigkeit ihres Lebens leiden. Und sie finden bei uns ein neues Gespür für das rechte Maß, mit dem sie dann auch in ihrer Alltagswelt und Arbeitswelt leben möchten.

Die Balance halten

Das rechte Maß hängt für mich mit einer guten Balance zwischen den verschiedenen Polen zusammen, die unser Leben ausmachen und zu ihm gehören. So möchte ich einige dieser Pole benennen. Das rechte Maß zu finden ist die Kunst, eine gesunde Balance für sich selbst zu finden.

Die Balance zwischen Geiz und Verschwendung

Das rechte Maß hat immer auch mit der Mitte zu tun. Es gibt extremes und maßloses Verschwenden und Konsumieren. Manche Menschen wollen immer mehr. Sie sind nie zufrieden. Sie kaufen Dinge, die sie gar nicht brauchen, weil sie der Kaufsucht nicht widerstehen können. Sie finden kein Maß. Und es gibt das Gegenteil: geizige Menschen, die zwar genügend Geld haben, aber nichts ausgeben. Sie gönnen sich nichts. Sie leben übertrieben sparsam. Sie sind kleinkariert. In der Gaststätte suchen sie sich immer die billigsten Gerichte aus. Sie kaufen nur die billigsten Sachen. Ein Bankangestellter erzählte mir von einer Frau, die sehr reich war und dennoch ständig die Banken wechselte, um ein zehntel Prozent beim Festgeld »gutzumachen«. Letztlich kam sie der häufige Wechsel teurer. Aber sie war so fixiert auf die besten Konditionen, dass sie blind war für das rechte Maß.

Die Mitte zwischen Geiz auf der einen und Verschwendung auf der anderen Seite liegt in der Sparsamkeit und Großzügigkeit. Beide Haltungen sind Tugenden. Und beide Tugenden stehen in einer gesunden Spannung zueinander. Wer sparsam umgeht mit dem, was er hat, der ist auch fähig, andere an seinen Gütern teilhaben zu lassen, der kann bei einem Fest auch großzügig sein und seine Freunde zu einem guten Essen einladen. Wer geizig ist, lädt keine Freunde ein – oder höchstens zu einem Schnellimbiss. Doch dort kann keine festliche Stimmung aufkommen.

Verschwendung und Geiz sind keine Tugenden, sondern Laster. Und diese Laster sind für den Menschen schädlich. Ein verschwenderischer Mensch überschätzt seine finanziellen Möglichkeiten und verschuldet sich wegen seiner Maßlosigkeit oft so sehr, dass er irgendwann aus dieser Falle nicht mehr herauskommt. Und wohin der Geiz führt, sehen wir täglich in den Medien. Eine Elektronikfachmarktkette wollte ihre Produkte möglichst billig verkaufen, um den Geiz der Menschen zu befriedigen, und warb für sich mit dem Slogan »Geiz ist geil«. Sie wandelte damit das Laster des Geizes in eine Tugend um. Doch das geht nicht ungestraft. Letztlich ist die Firma an ihrem eigenen Anspruch (und Slogan) gescheitert. Längst hat sich die Einstellung vieler Kunden gewandelt. Sie wollen nicht mehr mit Geiz in Verbindung gebracht werden. Sie wollen nicht als Geizhals oder Geizkragen gelten.

Die Haltung »Geiz ist geil« hat fatale Auswirkungen. Lebensmittel müssen immer billiger werden, um Abnehmer zu finden. Doch der billige Preis geht zu Lasten der Erzeuger. Die Bauern bekommen immer weniger Geld für die Güter, die sie produzieren. Oder aber zu Lasten der Verbraucher. Weil viele Käufer große Mengen an Fleisch verzehren und es daher möglichst billig erwerben möchten, suchen die Produzenten und Händler nach Möglichkeiten, dies – oft genug mit illegalen Mitteln – zu bewerkstelligen. Wir entsetzen uns über die Machenschaften der Fleischindustrie und über Skandale, die unsere Gesundheit gefährden. Aber mit unserer »Geiz ist geil«-Haltung sind wir letztlich selbst schuld daran.

Der Grund für die Maßlosigkeit im Verschwenden und im Geiz ist die Gier, immer mehr haben zu wollen. Für die Buddhisten ist die Gier die Ursache allen Leids und aller Übel. Im Westen wird die Gier als Habsucht bezeichnet. Der Autor des 1. Timotheusbriefes schreibt: »Die Frömmigkeit bringt in der Tat reichen Gewinn, wenn man nur genügsam ist. Denn wir haben nichts in die Welt mitgebracht, und wir können auch nichts aus ihr mitnehmen. Wenn wir Nahrung und Kleidung haben, soll uns das genügen. Wer aber reich werden will, gerät in Versuchungen und Schlingen, er verfällt vielen sinnlosen und schädlichen Begierden, die den Menschen ins Verderben und in den Untergang stürzen. Denn die Wurzel aller Übel ist die Habsucht. Nicht wenige, die ihr verfielen, sind vom Glauben abgeirrt und haben sich viele Qualen bereitet.« (1 Tim 6,6-10)

Der 1. Timotheusbrief, wohl am Ende des ersten Jahrhunderts von einem Schüler des hl. Paulus geschrieben, bezieht sich an dieser Stelle auf die griechische Popularphilosophie, vor allem auf die Philosophie der Stoa, die damals weit verbreitet war (Gier oder Begierde wird hier *epithymia* genannt). Schon die griechische Philosophie warnte vor der Habsucht als der Wurzel aller Übel. Und der christliche Autor übernimmt diese Warnung. Er schildert die Folgen der Begierde mit zwei Bildern. Im ersten Bild geht es um den Fallstrick: Wer seiner Gier folgt, der wird zum Gefangenen, der sich nicht mehr selbst befreien kann. Das zweite Bild ist das des sinkenden Schiffes: »Einer übermäßigen Last gleich, die ein Schiff manövrierunfähig macht und zum Sinken bringt, lassen die unbeherrschten, jeder Kontrolle entglittenen

Triebe den Besitzgierigen auf Grund laufen und führen zu seinem Untergang.«*

Die Bilder, die der 1. Timotheusbrief hier für die Gier benutzt, zeigen uns deutlich, wohin sie und die Maßlosigkeit führen. Wir werden zum Gefangenen unserer maßlosen Wünsche. Wir meinen, wir seien frei, zu kaufen und zu konsumieren, was wir möchten. Aber in Wirklichkeit sind wir vom Vergleich mit anderen getrieben und von der eigenen Gier, die immer noch mehr will und sich nie zufriedengibt. Das überlastet das Schiff unseres Lebens. Das Schiff kann uns nicht mehr sicher über das Meer fahren. Es geht unter, weil es sich immer mehr auflädt. Für manche ist dieses Bild wörtlich zu nehmen. Sie haben ihre Wohnungen zugestellt mit allen möglichen Dingen, die sie einmal unbedingt haben wollten. Obwohl sie ihnen die Luft zum Atmen nehmen, können sie sich jetzt nicht mehr von ihnen trennen. Ihr Haus ist zu schwer beladen mit unnötigen Dingen. Das beschwert auch die Seele. Unter Umständen führen Geiz und Gier gar zum »Messie-Phänomen«.

Friedrich Schorlemmer schreibt von der Gier: »Die Gier hat stets das Zeug – in vielen Varianten –, töricht zu machen, so dass der Mensch im Erfolg alles verliert. Gerade im Übermaß des Erfolgs kann das Unglück liegen – indem übermäßiger Reichtum nur zu übermäßi-

---

* Roloff, S. 338

ger Sorge um diesen Reichtum wird und so alles Seelenheil tötet.«*

Für den französischen Philosophen Pascal Bruckner wiederum ist die Gier ein Kennzeichen des Infantilismus, der unsere Gesellschaft heute prägt. »Der Infantilismus verbindet ein Verlangen nach Sicherheit mit einer grenzenlosen Gier, bringt den Wunsch zum Ausdruck, versorgt zu werden, ohne selbst die kleinsten Pflichten übernehmen zu müssen.«** Und er fasst diesen Infantilismus in der Formel zusammen: »Du verzichtest auf nichts!« Diese Gier hat zur Überflussgesellschaft geführt. Ihr reicht es nicht aus, dass immer genügend Dinge da sind, die man kaufen kann. Sie müssen sich auch ständig ändern und in neuem Gewand erscheinen. Doch die Überflussgesellschaft kommt an ihre Grenzen. Nicht die Angst um das Nötigste treibt sie nun um, sondern die Angst, das, was sie angehäuft hat und was zu viel ist, nicht mehr entsorgen zu können.

Die Volkswirtschaftslehre sieht in der Gier etwas Positives: den Motor unserer Wirtschaft, denn um die Gier zu befriedigen, müssen immer neue Produkte auf den Markt geworfen werden. Doch auch hier kommt es auf das rechte Maß an. Wir können die Gier nicht ganz aus uns herausreißen. Aber wir sollten uns von ihr nicht

---

* Schorlemmer, S. 54
** Bruckner, S. 13

beherrschen lassen, sondern sie zu einem maßvollen Impulsgeber zähmen. Die Neu-Gier ist grundsätzlich gut. Sie hält uns lebendig. Ins Übermaß gesteigert kann jedoch auch sie zu einem Laster werden.

Die Balance zwischen Selbstentwertung und Hochmut

Eine andere Balance, die wir herstellen sollten, ist die zwischen Selbstentwertung und Hochmut. Letztlich haben beide extremen Haltungen die gleiche Ursache: maßlose Bilder von uns selbst. Wir möchten eigentlich, dass wir die größten, besten, intelligentesten, schönsten, attraktivsten, beliebtesten und reichsten Menschen sind. Doch weil wir merken, dass wir dieses Ideal nicht erreichen können, reagieren wir entweder mit Selbstentwertung oder mit Hybris. Aufgrund unserer maßlosen Ansprüche an uns selbst fühlen wir uns minderwertig und lehnen uns ab. Doch im Grunde steckt in dieser Selbstentwertung der Wunsch, dass andere uns aufwerten. Wir machen uns klein, damit andere uns größer machen. Und damit wir nicht mehr kritisiert werden können. Es sind infantile Haltungen, die uns zur Selbstentwertung treiben. Das Kind macht sich auch klein, um von Erwachsenen gelobt oder hochgehoben zu werden. Selbstentwertung und Selbstüberschätzung erzeugen ganz bestimmte Bilder von uns. Wenn ich mich selbst entwerte, dann trage ich in mir Bilder wie: Ich bin nicht richtig. Mit mir kann es niemand aushalten. Ich bin zu langsam. Ich bin unzumutbar für die andern. Solche Bilder der Selbstentwertung ziehen mich nach unten. Sie rauben mir meine Energie. Genauso wenig hilfreich sind aber Bilder der Selbstüberschätzung, wie: Ich kann es schaffen, immer perfekt, gut drauf, cool und erfolgreich zu sein. Ich habe alles im Griff. Ich denke immer positiv.

Viele Probleme, mit denen die Menschen bei uns ins Gespräch kommen, rühren daher, dass die großen Selbstbilder nicht mit ihrer Realität übereinstimmen. Sie können aber nicht von ihnen lassen. Lieber halten sie daran fest und nehmen es in Kauf, dass es ihnen schlecht geht. Nicht selten mündet dieses Verhalten in der Depression. Daniel Hell, ein Schweizer Psychiater, meint: Die Depressionen sind oft ein Hilfeschrei der Seele gegen diese maßlosen Bilder der Selbstüberschätzung. Die Seele spürt, dass diese Bilder zu groß sind für uns, dass sie unserem Wesen nicht entsprechen. Daher rebelliert die Seele. Die Depression ist dann als Einladung zu verstehen, sich von diesen zu großen Bildern zu verabschieden, ohne in die Selbstentwertung abzurutschen. Eine Einladung, uns so anzunehmen, wie wir sind.

In der Depression erstarren unsere Gefühle. Wir weigern uns, in den Schmerz hineinzugehen. Aber so kommen wir auch nie durch ihn hindurch. Wir bleiben immer an der Oberfläche des Schmerzes stehen. Damit berauben wir uns einer Chance, denn das Trauern darüber, dass wir so sind, wie wir sind, führt durch den Schmerz über die eigene Durchschnittlichkeit in den Grund der Seele. Dort ist ein Raum der Stille, in dem wir den Frieden mit uns selbst erahnen können. Dort reichen weder die Selbstentwertungen noch die Selbstüberschätzungen hin. Dort kommen wir in Berührung mit dem ursprünglichen Bild, das Gott sich von uns gemacht hat. Wenn wir mit diesem ursprünglichen Bild in Berührung sind, dann lösen sich alle Bilder der Selbstentwertung und Selbstüberschätzung auf. Wir werden ganz wir selbst. Und wenn wir ganz wir selbst werden, haben wir es nicht mehr nötig, uns zu bewerten oder uns unter Druck zu setzen und uns vor andern oder vor uns selbst zu beweisen. Wir sind einfach. Dieses reine Sein ist eine tiefe innere Erfahrung von Freiheit und Frieden.

Viele Menschen tun sich heute schwer, die eigene Begrenztheit anzunehmen. Sie denken immer in Superlativen. Diese Superlative werden ihnen natürlich von der Werbung und von den Medien eingeredet. Sie wollen ständig die Besten sein. Doch das ist unrealistisch. Der Beste kann nur einer sein. Wenn alle es wollen, dann gibt es eben viele Unzufriedene. Wenn sie nicht die Besten im Sport sind, müssen sie es wenigstens im Denken sein. Oder sie müssen die Frömmsten sein. Dann ergreift der Superlativ auch die Spiritualität. Wenn sie aber in keinem Bereich die Besten sind, dann machen sie sich überall ganz klein: Dann sind sie die größten Sünder oder die dümmsten Leute, die es gibt. Aber mit diesem Superlativ im Negativen wollen sie nur von andern erhoben werden. Wenn man diejenigen, die die größten Sünder sein wollen, auf konkrete Fehler anspricht, werden sie oft sehr empfindlich reagieren. Und wenn man die, die sich als die Dümmsten darstellen, auf wirkliche Dummheit hinweist, dann werden auch sie sehr ungnädig sein. Sie finden einfach ihr Maß nicht. Immer müssen sie etwas Besonderes sein.

Die Ursache dafür, dass wir immer etwas Besonderes sein wollen, ist häufig die Erfahrung der Verlassenheit. Wenn wir diese Erfahrung in unserer Kindheit gemacht haben, dann reagiert die Seele mit Narzissmus. Sie kreist ständig um die eigenen Wünsche und Bedürfnisse. Und die Seele entwickelt eine Strategie, damit die Verlassenheit nicht zu schmerzlich ist. Diese Strategie besteht in der Grandiosität. Man preist sich an mit irgendeiner komischen Marotte. Viele Showmaster haben letztlich eine narzisstische Struktur. Sie agieren ihren Narzissmus dadurch aus, dass sie sich als etwas Besonderes fühlen und sich so auch vor der Öffentlichkeit präsentieren. Doch das heilt ihren Narzissmus nicht, sondern verfestigt ihn nur. Die Grandiosität lässt narzisstische Menschen einigermaßen zufrieden leben. Aber letztlich ist es eine Illusion, der diese Menschen nachlaufen. Irgendwann werden sie mit der Wahrheit konfrontiert, mit ihrem durchschnittlichen Maß, das sie nicht über andere erhebt. Oft genug fallen sie dann schmerzlich auf die Nase. Es tut nicht gut, jahrelang über das eigene Maß zu leben, sich in der Grandiosität mit maßlosen Bildern aufzuladen, um den Schmerz der Verlassenheit nicht zu spüren. Wenn die Grandiosität zusammenbricht, fühlen sie sich erst recht verlassen, sie fühlen sich – wie die deutsche Sprache es so schön ausdrückt – mutterseelenallein. Die maßlosen Selbstbilder verführen uns auch, Dinge zu kaufen, die eigentlich zu groß für uns sind. Wir brauchen als Statussymbol ein großes Auto. Wir fahren möglichst weit weg in Urlaub und gönnen uns dort dann alles, oft genug mehr, als das Einkommen hergibt. Ein Freund erzählte mir, dass er immer zusammen mit befreundeten Ehepaaren in Urlaub ging. Keiner schaute auf das Geld. Doch einmal sagte er während der Planung: »Das kann ich mir leider nicht leisten. Das ist zu viel für unsere Familienkasse.« Auf einmal trauten sich auch andere aus dem Kreis zu sagen: »Eigentlich ist es auch für uns zu teuer.« Es brauchte den Mut eines Einzelnen, damit die andern ihr eigenes Maß eingestanden. Bis dahin hatten sie sich vom Maß der Begüterteren anstecken lassen. Sie meinten, sie müssten mithalten. Diese Maßlosigkeit in dem, was wir uns an Kleidern, Autos, Urlaub gönnen, hängt immer mit einem Minderwertigkeitskomplex zusammen. Weil wir uns nicht minderwertig vorkommen wollen, müssen wir in äußeren Dingen mithalten. Dabei wächst unser Selbstwertgefühl, wenn wir zu unseren Grenzen stehen. Eltern erzählen mir, dass ihre Kinder in der Schule unbedingt Markenkleider tragen müssen. Denn sonst werden sie von andern verspottet. Es braucht auch da ein starkes Selbstwertgefühl, um sich diesem Druck von außen zu widersetzen und sein eigenes Maß zur Schau zu tragen. Ich habe einmal einen Kurs für adlige Menschen gehalten. Bei ihnen fand ich eher die innere Freiheit. Ihre Kinder trugen keine Markenkleider. Weil sie etwas auf sich hielten, weil sie ein gesundes Selbstvertrauen hatten, hatten sie es nicht nötig, sich vor den andern zu beweisen. Die Maßlosigkeit, die teuersten Kleider zu kaufen, ist Ersatz für mangelndes Selbstwertgefühl. Doch sie ist ein Fass ohne Boden. Da können wir kaufen, so viel wir wollen. Das Fass wird nie voll werden. Es wäre preiswerter, am eigenen Selbstwertgefühl zu arbeiten, als mit maßlosen Ausgaben das eigene Image zu heben, das auf brüchigem Fundament steht.

Die Balance zwischen Selbstsorge und Sorge für den andern

Es gibt Menschen, die sich ganz für andere verausgaben, ohne auf die eigenen Bedürfnisse zu schauen. Das kann eine Zeit lang ganz gut gehen. Es macht mir Freude, für die andern zu sorgen. Doch wenn ich die Selbstfürsorge gänzlich vergesse, wird es sich rächen. Ein dauerhaftes Ausklammern der eigenen Bedürfnisse führt allmählich zur Erschöpfung. Dann kommt mir nicht nur die Lust, anderen zu helfen, abhanden, sondern auch die Fähigkeit und Kraft, mich für andere einzusetzen. Die andern machen mich aggressiv. Oder aber ich erlebe von denen, für die ich mich einsetze, Ablehnung. Sie spüren, dass ich sie mit meiner Zuwendung bedränge. Sie fühlen sich eingeengt. Dann rebellieren sie dagegen. Das enttäuscht mich. Ich habe ihnen doch so viel geschenkt. Und jetzt danken sie es mir so.

Wir brauchen immer eine gute Balance zwischen Nehmen und Geben. Es gibt ein Sprichwort, das lautet: »Wer viel gibt, der braucht auch viel.« Manchmal geben Menschen den andern viel Zuwendung, weil sie selbst Zuwendung brauchen. Sie möchten beliebt sein bei denen, denen sie sich zuwenden. Sie möchten Anerkennung und Wertschätzung für sich selbst. Oft möchten sie auch bewundert werden für ihren selbstlosen Einsatz. Doch wenn ich gebe, weil ich brauche, komme ich immer zu kurz. Nur wenn ich gebe, weil ich mir zuvor genommen habe und es nun in mir fließt, kann ich geben, ohne mich zu verausgaben. Wer nur gibt, der verausgabt sich. Wer wiederum nur nimmt, der verschluckt sich daran. Es braucht ein gutes Maß, eine gute Balance zwischen Nehmen und Geben, zwischen der Sorge für andere und der Sorge für sich selbst.

Eine Mutter erzählte mir, dass sie sich ganz für die Familie eingesetzt habe. Sie hat alles für ihre Kinder gegeben. Doch die sind nun aus dem Haus und gehen ihre eigenen Wege. Sie melden sich, so empfindet es zumindest die Mutter, zu wenig. Sie fühlt sich verletzt. Jetzt spürt sie, dass sie nicht nur aus Liebe gegeben hat. Sie wollte auch etwas dafür. Sie wollte, dass die Kinder dankbar sind. Sie hat auch gegeben, weil sie es selbst gebraucht hat. Sie hat für sich das Bild einer Mutter gebraucht, die ganz für die Familie da ist und daher von allen geliebt und gelobt wird.

Ein Mann hat sich ehrenamtlich sehr für einen Sportverein eingesetzt. Es hat ihm lange Zeit Spaß gemacht. Doch in letzter Zeit fühlt er sich ausgenutzt. Wenn bei einer Sitzung gefragt wird, wer das oder jenes erledigt, meldet sich keiner. Immer war er bereit gewesen, alle Aufgaben zu übernehmen. Doch jetzt spürt er Ärger und Enttäuschung. Keiner dankt ihm seinen Einsatz. Alle nehmen es für selbstverständlich. Niemand außer ihm engagiert sich wirklich. Solange einem die Arbeit oder der Einsatz für andere Menschen Spaß macht, braucht man sich um das eigene Maß keine großen Sorgen zu machen. Doch sobald Gefühle wie Ärger, Ausgenutztwerden und Enttäuschung auftauchen, sollte man sie ernst nehmen. Sie zeigen, dass man sein eigenes Maß neu überdenken sollte. Wenn man über sein Maß lebt, reagiert die Seele mit Unzufriedenheit oder auch mit Widerstand. Auf einmal hat man keine Lust mehr, in die Sitzungen des Vereins zu gehen. Man möchte sich nicht mehr für dieses oder jenes einsetzen. Der Widerstand muss immer angeschaut werden. Wenn er nicht beachtet wird, rächt er sich oft in seelischen oder körperlichen Reaktionen. Der Widerstand lädt uns ein, entweder das Maß an Arbeit zu überprüfen oder aber unsere Einstellung zu verändern. Bisher war es für uns in Ordnung gewesen, für alles bereitzustehen. Jetzt spüren wir, dass diese Einstellung nicht mehr für uns passt. Um unser Maß zu finden, ist es daher notwendig, auf unsere Gefühle zu achten. Sie zeigen uns, ob wir im Einklang sind mit uns und unseren Möglichkeiten oder ob wir die innere Stimme, die uns auf unser Maß hinweist, überhört haben.

»Ohne Maß ist die Liebe«, hat eine Heilige gesagt. Dieser Satz stimmt für die Liebe Gottes, die grenzenlos ist. Die Liebe Gottes ist auch eine Herausforderung für unsere Liebe. Auch unsere Liebe sollte immer wieder Grenzen überspringen. Wir können unseren Ehepartner nicht nur ein bisschen lieben. Wir müssen ihn ganz und gar lieben. Aber wir sollten uns zugleich der eigenen Grenzen bewusst sein. Wir sind nicht Gott und können nicht wie Gott grenzenlos lieben. Zur menschlichen Liebe gehört immer auch das Bewusstsein der eigenen Grenze.

Eine gute Ehe lebt vom angemessenen Verhältnis von Nähe und Distanz. Peter Schellenbaum spricht vom Nein in der Liebe. In der Liebe darf ich mich auch abgrenzen, und ich gestehe auch dem Partner dieses Recht zu. Auch in der Partnerschaft gibt es eine Liebe, die den andern erdrückt. Sie lässt ihn nicht frei atmen. Sie gibt alles, aber sie erwartet auch zu viel vom Partner. Die Kunst des Liebens besteht darin, dass ich zwar aus der Quelle »maßloser« Liebe schöpfe, dass ich aber die Liebe, die ich dem andern erweise, immer angemessen zeige. Angemessen meint: im richtigen Maß. Ich liebe den andern so, dass es ihm guttut, dass es ihm gerecht wird. Wen ich liebe, den umarme ich, den drücke ich an mein Herz. Aber ich erdrücke ihn nicht, so dass er nicht mehr atmen kann. Es gibt Eltern, die ihre Kinder mit Liebe überschütten. Aber manchmal erdrückt diese grenzenlose Liebe die Kinder. Sie tut ihnen gar nicht gut. Ich erlebe immer wieder, wie sich Söhne und Töchter von ihren Eltern abwenden, weil sie sich von deren Liebe erdrückt fühlen. Das enttäuscht die Eltern. Aber es ist eine Aufforderung, in der Liebe das richtige Maß zu finden.

Unsere Erwartungen an die andern

Die Bilder, die wir von uns selbst haben, können wir auch als Erwartungen an uns verstehen. Und genauso machen wir uns auch Bilder vom andern und haben Erwartungen an ihn. Wenn wir von uns Bilder der Selbstentwertung in uns tragen, dann werten wir die andern oft auf. Wir machen uns zu große Bilder von ihnen. Bei uns selbst sehen wir so viel Negatives, während uns bei den andern nur das Positive ins Auge sticht. Wir haben den Eindruck, dass wir unfähig sind, während die andern so viele Fähigkeiten haben. Und wenn wir umgekehrt zu große Bilder von uns haben, dann müssen wir die andern abwerten, entwerten. Alles, was wir bei den andern sehen, sehen wir kritisch. Ihre guten Taten sind nur Heuchelei. Sie handeln nur gut, um gesehen zu werden.

Oft haben wir zu hohe Erwartungen an die andern. Sie sollen perfekt sein und alles richtig machen. Sie sollen tadellose Vorbilder für uns sein. Wir heben sie in die Höhe und himmeln sie an. Wenn wir dann erleben, dass sie unseren Vorstellungen nicht entsprechen, sind wir enttäuscht und stürzen sie vom Sockel. Doch mit beiden Haltungen werden wir den Menschen nicht gerecht.

Offensichtlich haben wir das Bedürfnis nach Vorbildern, zu denen wir aufschauen können. Dabei überhöhen wir sie oft. Diese übertriebenen Erwartungen an andere hängen oft mit der Erfahrung der eigenen Minderwertigkeit zusammen. Weil wir uns selbst nichts wert sind, brauchen wir andere Menschen, die stellvertretend für uns diesen Wert repräsentieren. Doch wir bauen uns damit eine Scheinwelt auf. Und diese Scheinwelt wird durch die Realität immer wieder als solche entlarvt. Wir werden wütend, wenn uns die Scheinwelt genommen wird. Dann projizieren wir unsere eigenen Schwächen und Schattenseiten auf denjenigen, dem wir zuvor unsere Sehnsüchte angehängt haben. Wir sehen nun im andern all das, was wir bei uns verurteilen. Wir richten im andern letztlich uns selbst. Doch das würden wir nie zugeben. Es wäre eine zu schmerzliche Selbsterkenntnis, dass die Gnadenlosigkeit, mit der wir den andern betrachten, eigentlich uns selbst gilt. Wir können es nicht ertragen, dass wir nicht der Messlatte gerecht werden, die wir an uns angelegt haben.

Seit 22 Jahren arbeite ich im Recollectiohaus. Auch da erlebe ich immer wieder Menschen, die maßlose Ansprüche und Erwartungen haben an das Programm des Hauses. Sie müssen das, was wir ihnen nach bestem Wissen und Gewissen anbieten, ständig entwerten. Oft genug steht dahinter ein persönliches Minderwertigkeitsgefühl. Aber das möchten sie nicht zugeben. Lieber schieben sie die Schuld auf die andern, auf die geistlichen Begleiter, das Rahmenprogramm. Es gibt Menschen, die ihre Ärzte, Therapeuten und Seelsorger entwerten müssen, weil sie ihre eigene Wertlosigkeit nicht aushalten. Sie wagen es nicht, der eigenen Wahrheit ins Auge zu sehen. Sie sind nicht bereit, ihre eigene Durchschnittlichkeit zu betrauern und sich einzugestehen, dass sie so sind, wie sie sind. Sie jammern entweder darüber, dass es ihnen so schlecht geht. Oder aber sie klagen die andern an, die ihnen nicht die Hilfe bieten, die sie von ihnen erwarten. Aber es sind oft maßlose Ansprüche an ihre Helfer. Die andern sollten ihnen ihr Problem wegnehmen. Sie möchten die alten bleiben. Sie möchten an ihren maßlosen Selbstbildern festhalten, ohne an den negativen Symptomen ihrer Seele zu leiden. Doch die negativen Symptome sind oft eine Rebellion der Seele gegen ihre Maßlosigkeit.

Menschen, die im Rettungsdienst tätig sind, haben mir erzählt, dass es immer wieder vorkommt, dass sie von denen, für die sie sich einsetzen, beschimpft werden. Da ist ein Arzt, der mit dem Hubschrauber Menschen retten will, die sich wegen maßloser Selbstüberschätzung in Gefahr gebracht haben. Er setzt sich nun selbst einer Gefahr aus, um diese Menschen zu retten. Doch er wird mit dem Vorwurf konfrontiert, warum er erst jetzt komme. Und für alle Handgriffe, die er macht, kritisiert. Was geschieht da? Da will einer sich nicht eingestehen, dass er selbst einen Fehler gemacht hat, dass er die Gefahr unterschätzt hat. Jetzt braucht er jemanden, dem er die Schuld an seiner Misere zuschieben kann. Das ist in diesem Fall der Retter. Doch wenn man an Retter maßlose Ansprüche hat, wird es bald keine Menschen mehr geben, die bereit sind, für andere ihr Leben aufs Spiel zu setzen.

Die Tendenz maßloser Erwartungen an andere beobachten wir in vielen Bereichen der Gesellschaft. Da werden riesige Ansprüche formuliert, die letztlich niemand erfüllen kann. Und weil die Menschen, an die wir diese Ansprüche haben, sie nicht einlösen können, werden sie niedergemacht, auf unsere eigene Minderwertigkeit hinuntergezogen. Wir hören in der Presse von einem Fehler, den ein Politiker oder ein Mann aus der Kirche gemacht hat. Und schon spielt sich die ganze Nation zum Richter auf. Das führt nicht selten dazu, dass eine Person so sehr beschädigt wird, dass sie nicht nur ihr Amt verliert, sondern auch ihre Würde. Sie ist in jeder Beziehung »erledigt«. Die Verurteilung durch die breite Masse ist oft so vernichtend, dass die Verhältnismäßigkeit längst nicht mehr gegeben ist. Da würde uns heute das Wort Jesu guttun, dass wir nicht richten sollen: »Richtet nicht, damit ihr nicht gerichtet werdet! Denn wie ihr richtet, so werdet ihr gerichtet werden, und nach dem Maß, mit dem ihr messt und zuteilt, wird euch zugeteilt werden. Warum siehst du den Splitter im Auge deines Bruders, aber den Balken in deinem Auge bemerkst du nicht?« (Mt 7,1-3) Wer sich zum Richter über andere aufspielt, wird irgendwann selbst erleben, dass andere über ihn richten. Dann werden sie das Maß, das er an sie angelegt hat, an ihn anlegen.

Sich nicht so empören

Wir haben in unserer Gesellschaft eine regelrechte Empörungskultur entwickelt. Die widerspricht der Warnung Jesu vor dem Richten. Ich werde oft von den Medien oder von einzelnen Menschen aufgefordert, ich solle mich über den oder jenen empören. Sobald jemand einen Fehler gemacht hat, müssen sich andere wohl darüber empören. Und offensichtlich möchte man dann gerne auch die Kirche in diese Empörungskultur mit einbeziehen. Sie soll mit ihrem hohen moralischen Anspruch einstimmen in die Empörung über diesen oder jenen Menschen. Ich weigere mich jedoch immer, mich über einen Menschen zu empören. Erstens habe ich keine Lust, dies auf Befehl zu tun. Zweitens widerstrebt es mir, mich über andere zu stellen. Nichts anderes bedeutet nämlich »sich empören«: sich zu erheben und sich über die anderen zu stellen. Ich schaue von meiner Empore auf die andern herab. Doch das steht mir nicht zu. Drittens sage ich: Ich urteile nicht über jemanden, den ich nicht kenne. Ich höre nur etwas von seinem Verhalten, aber ich kenne den Menschen nicht. Und wenn ich einen Menschen nicht kenne, weigere ich mich, über ihn etwas zu sagen. Ich überlasse mich und den andern dem Urteil Gottes. Ich halte es mit dem Rat der frühen Mönche, die im vierten Jahrhundert gelebt haben. Wenn sie jemanden sahen, der einen Fehler gemacht hatte, sagten sie: »Ich habe den Fehler gemacht.« Das scheint uns übertrieben zu sein. Doch sie sahen sich im Verhalten des andern gespiegelt. Sie schauten in diesen Spiegel und erkannten, dass sie keine Garantie haben, nicht irgendwann einmal den gleichen Fehler zu begehen. Diese Sichtweise macht demütig und bescheiden. Sie bewahrt uns davor, uns über andere zu stellen und uns über sie zu empören. Immer wenn sich die ganze Gesellschaft über jemanden empört, sieht sie von den eigenen Fehlern ab. Die Menschen werfen den ganzen Schmutz, der an ihnen haftet, auf den Sündenbock, der den Fehler gemacht hat. Sie meinen, sie könnten sich dadurch von ihrem Schmutz befreien. Doch das gelingt nicht. Wenn sie ehrlich das anschauen, was der andere öffentlich gezeigt hat und worüber sich nun alle empören, werden sie in sich ähnliche Tendenzen wahrnehmen. Es braucht dann Demut und Mut, sich die Wahrheit, die eigene Begrenztheit, Bedürftigkeit und Brüchigkeit einzugestehen und sich aller Urteile über andere zu enthalten.

Manche wollen, dass ich mich nicht nur empöre, sondern entrüste. Rüsten heißt ursprünglich: herrichten, ausstatten, schmücken. Wenn ich mich über jemand entrüste, dann nehme ich ihm den Schmuck, ich nehme ihm seine Würde. Ich entblöße ihn vor andern. Zur Rüstung gehören auch die Waffen, die ich angelegt habe, um mich für den Kampf zu rüsten. Entrüstung nimmt dem andern die Waffen. Er kann sich nicht mehr wehren. Er kann sich nicht mehr abgrenzen. Er steht gleichsam nackt vor den andern. Und alle nehmen ihm mit ihrer Entrüstung seine Würde, seine Schönheit, seinen Schmuck und seine Rüstung, hinter der er sich verstecken könnte. Er ist schutzlos den Angriffen von außen ausgesetzt. Der Anlass für die Empörung und Entrüstung ist oft gering. Doch wir blähen den geringen Anlass maßlos auf, damit wir uns auch maßlos empören oder entrüsten können. Wir haben den Eindruck, dann von einem inneren Druck befreit zu sein. Doch die Empörung über andere befreit uns nicht von unserer Fehlerhaftigkeit. Sobald wir unsere eigenen Fehler wahrnehmen, brauchen wir wieder einen anderen Menschen, über den wir uns empören können, um unsere Durchschnittlichkeit nicht ansehen zu müssen. Wir müssen uns über andere erheben, weil wir den Sumpf, in dem wir stecken, nicht wahrhaben wollen.

Ja sagen zu unserer Durchschnittlichkeit

In unserer Maßlosigkeit tun wir uns schwer, mit unserer Begrenztheit, Durchschnittlichkeit und Gewöhnlichkeit umzugehen. Doch es ist eine alte Erkenntnis, dass der weise Mensch immer auch zu seiner Gewöhnlichkeit steht. Der Taoismus sagt: Tao, der Weg zum Leben, ist das Gewöhnliche. Laotse betont immer wieder, dass das Geheimnis allen Seins im Gewöhnlichen zu finden ist. Aber es fällt uns schwer, uns mit unserer Durchschnittlichkeit auszusöhnen. Der Weg zur Aussöhnung geht über das Betrauern. Ich muss betrauern, dass ich nicht so ideal bin, wie ich gerne sein möchte, nicht so spirituell, so intellektuell, so kreativ, so beliebt, so erfolgreich. Das Wort »betrauern« drückt aus, dass es schmerzlich ist, Abschied zu nehmen von seinen maßlosen Selbstbildern. Wir sind mit unseren maßlosen Bildern so zusammengewachsen, dass es uns weh tut, uns davon zu lösen. Dieser Prozess des Lösens ist das Betrauern. Ich gehe durch den Schmerz hindurch und komme dann auf dem Grund meiner Seele an. Dort bin ich im Einklang mit mir selbst. Dort entdecke ich meine innere Wahrheit. Und zugleich entdecke ich dort meine innere Freiheit. Auf dem Grund der Seele bin ich frei von den Urteilen anderer und auch vor dem eigenen Bewerten. Ich bin einfach ich selber. Ich spüre, dass ich ein einzigartiger Mensch bin, von Gott so geschaffen, wie ich bin. Ich entdecke meinen Wert, meine Würde. Und so kann ich dankbar sein für mich, so wie ich bin.

Die Durchschnittlichkeit zu bejahen bedeutet nicht nur, sich selbst zu akzeptieren, sondern sich auch auszusöhnen mit der Gewöhnlichkeit des eigenen Tuns und Lebens. Das hat Jesus in einem Gleichnis ausgedrückt und zwar auf provozierende Weise, die viele heutige Leser und Leserinnen ärgert. Doch wenn wir uns über eine Aussage Jesu ärgern, ist das immer ein Zeichen dafür, dass Jesus hier einen wunden Punkt trifft. Er will uns sagen: »Dort, wo du dich ärgerst, siehst du dich selbst verkehrt.« Jesus erzählt: »Wenn einer von euch einen Sklaven hat, der pflügt oder das Vieh hütet, wird er etwa zu ihm, wenn er vom Feld kommt, sagen: Nimm gleich Platz zum Essen? Wird er nicht vielmehr zu ihm sagen: Mach mir etwas zu essen, gürte dich und bediene mich; wenn ich gegessen und getrunken habe, kannst auch du essen und trinken. Bedankt er sich etwa bei dem Sklaven, weil er getan hat, was ihm befohlen wurde? So soll es auch bei euch sein: Wenn ihr alles getan habt, was euch befohlen wurde, sollt ihr sagen: Wir sind unnütze Sklaven; wir haben nur unsere Schuldigkeit getan.« (Lk 17,7-10)

Es gibt Menschen, die alles, was sie tun, für etwas Besonderes halten. Wenn sie einem andern helfen, müssen sie es überall herumposaunen. Wenn ihnen etwas gelungen ist, dann halten sie das für eine überragende Leistung. Und sie müssen es so schildern, dass alle sie bewundern. Sie müssen sich ständig herausstellen. Jesus sagt: Wir sollen uns nichts einbilden auf das, was wir sind und was wir tun. Wir sollen nur tun, was wir uns selbst und dem andern schuldig sind, was wir Gott und was wir dem Augenblick schuldig sind. Man kann es noch nüchterner sagen: Wir sollen tun, »was dran ist«, was jetzt im Augenblick zu tun ist. Wir sollen unser Tun weder religiös überhöhen noch uns über andere stellen. Noch sollen wir unser Handeln immer in den besten Farben und höchsten Tönen anpreisen, sondern einfach in dem sein, was wir tun. Das ist das rechte Maß. Und das macht uns letztlich auch bei den andern sympathisch.

Der hl. Benedikt hat das Gleichnis Jesu vom unnützen Sklaven in seinem Kapitel über die Demut vor Augen: Der Mönch ist zufrieden mit dem Allergeringsten und Letzten und hält sich bei allem, was ihm aufgetragen wird, für einen schlechten und unwürdigen Arbeiter. Er sagt sich mit dem Propheten: »Zu nichts bin ich geworden und verstehe nichts; wie ein Lasttier bin ich vor dir und bin doch immer bei dir.« (RB 7,49 f.)

Im Noviziat habe ich mit der benediktinischen Sicht der Demut gar nichts anfangen können. Da regte sich in mir Widerstand. Ich wollte nicht einfach nur ein Mönch sein, der mit allem zufrieden ist. Ich wollte etwas leisten. Ich wollte in der Kirche eine andere theologische Sprache entwickeln. Ich wollte die Menschen erreichen. Doch je älter ich werde, desto mehr geht mir die Weisheit der Worte Benedikts auf. Henry Nouwen, ein holländischer Psychologe und Theologe, den ich sehr schätze, hat sie bei seinem Aufenthalt im Trappistenkloster auf seine Weise kommentiert. Er meinte: Wenn er schreibe, sei er immer in Gefahr, etwas interessanter darzustellen, als es der Wirklichkeit entspricht, also *sich selbst* im Schreiben darzustellen. Und wenn er spreche, dann kenne er bei sich die Tendenz, *sich selbst* in den Mittelpunkt zu stellen. Wir stehen immer unter dem Druck, etwas aus uns machen zu müssen, uns beweisen zu müssen, dass wir spirituell sind, intellektuell, erfolgreich, begabt, interessiert, erfahren, dass es sich lohnt, sich mit uns zu unterhalten. Benedikt dagegen rät uns, wir sollten einfach das tun, was uns aufgetragen ist, ohne uns selbst zur Schau zu stellen. Wir sollen tun, »was dran ist«. Dabei sollen wir uns nicht über andere erheben, sondern uns vielmehr wie ein Lasttier fühlen, dem andere etwas aufladen. Dieses Lasttier trägt das, was man ihm zumutet. Und es weiß sich immer vor Gott. Ich versuche, die Arbeit, die mir aufgetragen wird, möglichst gut zu machen. Aber ich stelle mich und meinen Ehrgeiz dabei nicht in den Mittelpunkt, sondern ich diene der Arbeit. Ich lobe mich nicht selbst, weil ich es besser kann als alle anderen. Ich reihe mich vielmehr ein in die Reihe der Lasttiere, denen man etwas aufladen kann und die es in Treue und Redlichkeit ans Ziel bringen.

Ja sagen zum Gewöhnlichen, das würde unsere Arbeitsqualität erhöhen. Dabei geht es nicht darum, sich für unfähig zu halten. Mit dieser Form von Demut versuchen sich manche Menschen vor allem zu drücken, was man ihnen an Arbeit zumutet. Sie sagen dann: »Das kann ich nicht. Ich bin zu wenig begabt dafür.« Doch das ist eine Ausrede. Das Lasttier drückt sich nicht vor der Aufgabe. Es denkt nicht über seine Fähigkeit nach. Es tut einfach, was ihm aufgetragen ist. Natürlich braucht es auch kreative Menschen, die etwas Neues voranbringen. Aber ich erlebe häufig in Betrieben, dass es dort nur noch »Häuptlinge« gibt, die die Arbeit vorgeben, und immer weniger »Indianer«, die die Arbeit tun. Viele sagen: Dafür bin ich überqualifiziert. Das sollen andere machen. Doch vor lauter Überqualifizierung gibt es immer weniger, die das in Angriff nehmen, was getan werden muss.

Sowohl das Gleichnis Jesu vom unnützen Sklaven als auch das benediktinische Verständnis von Demut, das besagt, dass wir uns mit unserer Gewöhnlichkeit zufriedengeben sollen, widerstreben dem heutigen Menschen. Aber sie täten ihm gut. Sie würden ihm das Maß vor Augen halten, das ihm entspricht. In vielen Fernsehübertragungen, in Talkshows und Unterhaltungssendungen geht es darum, sich möglichst gut zu präsentieren, sich in den Mittelpunkt zu stellen, sich als etwas Besonderes zu beschreiben. Es ist manchmal peinlich, was dann auf diesem Markt der Eitelkeiten alles erzählt wird, um sich selber anzupreisen. Da findet keine Begegnung mehr statt, es kommt lediglich darauf an, möglichst viel zu reden, ganz gleich, ob das, was man sagt, sinnvoll ist oder nicht. Vielen Showmastern und vielen, die bei Talkshows mitmachen, täte es gut, in die Schule Jesu oder in die Schule Benedikts zu gehen. Dann würde nicht so maßlos übertrieben werden. Dann würde es statt des vielen Geredes und des Versuchs, den andern in seiner Selbstdarstellung zu übertreffen, wirklich ein Gespräch geben, in dem der eine dem andern zuhört und antwortet.

Die Erwartungen der andern an uns

Nicht nur wir haben Erwartungen an die andern. Auch die anderen haben Erwartungen an uns. Menschen, die alle Erwartungen, die an sie gestellt werden, erfüllen wollen, überfordern sich, denn es sind zu viele unterschiedliche. Die Erwartungen der Firma sind andere als die der Familie. Die Erwartungen des Chefs sind andere als die der Mitarbeiter. Die Erwartungen der Mitarbeiter sind andere als die der Kunden. Wenn wir allen Erwartungen entsprechen wollen, dann zerreißt uns das. Wenn wir die eine Erwartung erfüllen, müssen wir die andere enttäuschen. Der Grund, warum manche dennoch den Versuch machen, allen gerecht zu werden bzw. es allen recht zu machen, ist wiederum die Maßlosigkeit. Sie wollen bei allen Menschen beliebt sein. Doch nicht selten landen sie damit im Burn-out.

Eine Frau hat das Autohaus ihres Vaters übernommen. Das war ihr Lebenstraum. Doch nach zwei Jahren fühlte sie sich erschöpft. Sie meinte, diese Aufgabe überfordere sie. Es wäre besser, sie würde sich eine andere suchen. Doch im Gespräch wurde klar, warum sie sich erschöpft fühlte. Sie richtete ihr ganzes Augenmerk darauf, die Erwartungen des Vaters zu erfüllen. Erst als sie den Mut fand, das Autohaus so zu führen, wie es ihrem Wesen entsprach, bekam sie wieder Lust an ihrer Aufgabe.

Wir werden ständig mit Erwartungen der Eltern, der Chefs, der Mitarbeiter, aber auch mit den Erwartungen unserer Freunde konfrontiert, auch wenn sie oft gar nicht explizit ausgesprochen werden. Es geht darum, diese Erwartungen zur Kenntnis zu nehmen. Ich sage mir dann: Schön, dass du diese Erwartungen an mich hast. Ich spüre daran, dass ich dir wichtig bin, dass du mir etwas zutraust. Aber ich will selbst entscheiden, welche Erwartungen ich erfülle und welche nicht. Ich bin nicht dazu da, alle Erwartungen zu erfüllen. Meine Aufgabe ist es, das einmalige Bild zu leben, das Gott sich von mir gemacht hat. Dann entspreche ich meinem Wesen. Dann finde ich mein Maß. Gott hat keine Erwartungen an mich. Er hat mich als diesen einmaligen Menschen geschaffen. Ich lasse mich nicht von den andern und ihren Erwartungen messen.

Ich erlebe viele Menschen, die sich von den Erwartungen anderer erdrückt fühlen. Von den Erwartungen, die die Firma an sie hat, aber auch von den Erwartungen der eigenen Familie und des Freundeskreises. Sie können sich nicht von den Erwartungen anderer abgrenzen. Sie setzen sich selbst unter Druck. Sie haben nicht den Mut, zu ihrem eigenen Maß zu stehen. Wir sollen die Erwartungen der andern nicht ignorieren. Dann würden wir ja unser Desinteresse an den Menschen zeigen. Aber wir dürfen die Erwartungen nicht als Verpflichtung sehen. Es sind freie Erwartungen, denen wir in Freiheit antworten können. Nur wenn wir bei uns sind, wenn wir uns frei fühlen, wenn wir ein Gespür für unser eigenes Maß haben, werden wir angemessen auf die Erwartungen der andern reagieren. Manche werden wir erfüllen, andere nicht. Es ist unsere freie Entscheidung, wie und wann und in welchem Maß wir die Erwartungen anderer erfüllen.

Viele Menschen, die ich begleite, haben ein schlechtes Gewissen, wenn sie sich gegenüber den Erwartungen anderer abgrenzen oder Nein sagen, wenn jemand einen Wunsch an sie richtet. Sie haben in sich einen inneren Richter, das Über-Ich, das sie antreibt, jede Erwartung zu erfüllen. Es ist der innere Antreiber: Sei brav, gefalle den Leuten, mache dich beliebt. Dieser innere Antreiber erzeugt in uns ein schlechtes Gewissen. Und ein schlechtes Gewissen ist hartnäckig. Das lässt sich nicht so leicht besänftigen. Es übt Macht aus über uns. Doch hinter einem schlechten Gewissen steht letztlich wieder ein maßloser Anspruch an uns selbst, nämlich der Anspruch, dass wir ein Leben lang mit einer weißen Weste herumlaufen und es allen recht machen müssen.

Achtsam mit der Schöpfung umgehen

Die Kunst, das rechte Maß zu finden, ist vor allem im Umgang mit der Schöpfung wichtig. Wir haben es in den letzten Jahrzehnten erlebt, wie der Mensch durch seinen maßlosen Lebensstil die Natur belastet und die Bedingungen unseres Lebens verschlechtert hat. Die Natur hat ihr eigenes Maß. Sie lehrt uns, wie wir angemessen mit ihr umgehen können, und auch, was unser menschliches Maß ist. Wir sollten auch heute in die Schule der Natur gehen.

Nachhaltigkeit im Umgang mit der Schöpfung

Nachhaltigkeit ist ein Begriff, der ursprünglich aus der Forstwirtschaft stammt. Wir sollen nur so viel aus dem Wald herausnehmen, wie wir anpflanzen. Es braucht ein Gleichgewicht zwischen Entnahme und dem, was nachwächst. Dieses Bild wurde dann für unseren gesamten Umgang mit der Schöpfung verwendet. Wir sollen nachhaltig mit der Natur umgehen. Wir sollen ihre Quellen nicht ausbeuten. Wir sollen dafür sorgen, dass etwa die Meere nicht überfischt werden, dass also nur so viel gefischt wird, wie neue Fische nachkommen können. Wir sollen die Ölvorräte nicht verschwenden. Wir sollen die Felder der Erde nicht auslaugen, indem wir zu viel anpflanzen und das Wachstum durch chemische Mittel allzu sehr beschleunigen. Und wir sollen angemessen und nachhaltig mit der Energie umgehen. Gedankenloses oder rücksichtsloses Verhalten trägt zur Klimaveränderung bei. Und die Klimaveränderung wird sich negativ auf unser Leben auswirken. Die Meere werden sich heben, Landstriche werden überflutet werden. Das veränderte Klima bedingt eine Veränderung im Anbau. Manche Früchte werden in bestimmten Gegenden nicht mehr wachsen. Der Rhythmus von Wachstum und Ernte gerät auseinander. Es ist wichtig, sich diese Zusammenhänge immer wieder vor Augen zu halten. Nachhaltig mit der Umwelt umzugehen, entspricht unserer menschlichen Einsicht. Wer die Natur ausbeutet, der ist blind für die Argumente der Vernunft. Er macht sich selbst etwas vor. Er verschließt die Augen vor den Folgen seiner Ausbeutung. So bedeutet Nachhaltigkeit in Bezug auf die Schöpfung, dass wir in unserem Tun immer schon die künftigen Generationen im Blick haben sollen.

Aber es genügt nicht, allein aus Vernunftgründen

für Nachhaltigkeit einzutreten. Wir müssen auch einen inneren Bezug zur Natur haben, damit wir gut mit ihr umgehen, wir brauchen ein Gespür dafür, dass wir ein Teil von ihr sind. Und wir brauchen auch eine spirituelle Beziehung zur Natur. In der Natur begegnen wir letztlich Gott. Die Natur ist von Gottes Geist durchdrungen. Sie spiegelt Gottes Schönheit wider. Nur wenn wir ein offenes Auge haben für die Schönheit der Natur, werden wir sie auch mit Ehrfurcht behandeln. Und nur wenn wir die Natur als Schöpfung Gottes ansehen und achten, werden die rationalen Gründe für den Umweltschutz sich auch in unserem Verhalten der Natur gegenüber niederschlagen.

Manche Naturschützer propagieren Nachhaltigkeit auf rein moralisierende Weise. Sie wollen uns ein schlechtes Gewissen machen. Es geht von ihnen keine Lebensfreude aus. Sie weisen immer nur auf negative Entwicklungen hin und malen den Teufel an die Wand. Nachhaltigkeit wird jedoch nur gelingen, wenn sie mit Lebensfreude verbunden ist, wenn sie das Leben schöner macht. Schönheit ist für den russischen Dichter Dostojewski eine entscheidende Motivation für unser Leben. »Schönheit wird die Welt retten«, sagt er. Nur wenn wir die Nachhaltigkeit mit dem Gedanken der Schönheit verbinden, werden wir sie in unserem Umgang mit der Natur und mit den Dingen dieser Welt wirklich leben.

Nachhaltigkeit im Umgang mit uns selbst

Nachhaltigkeit bezieht sich allerdings nicht nur auf die Natur, sondern auch auf die Menschen. Wir sollen nachhaltig mit unseren eigenen Kräften umgehen. Ich kenne Firmen, die zwar die Nachhaltigkeit auf ihre Fahnen geschrieben haben. Sie wollen ökologisch wirtschaften. Aber sie gehen schonungslos mit den Ressourcen ihrer Mitarbeiter um. Nachhaltigkeit muss sich auch auf die Arbeitskraft der Mitarbeiter beziehen. Benedikt mahnt den Abt, dass er das Maß der Kräfte seiner Mitarbeiter bedenken soll. Er soll seine Brüder nicht überanstrengen. Denn sonst – so meint er im Blick auf den Patriarchen Jakob – werden alle an einem Tag umkommen. Benedikt berücksichtigt die Nachhaltigkeit hinsichtlich der Brüder, indem er einen guten Rhythmus für den Tag aufstellt. Dieser Rhythmus wechselt zwischen Gebet und Arbeit ab. Und er gesteht der Arbeit nie zu viel Zeit zu.

Wie wir nachhaltig mit unseren eigenen Kräften umgehen können, können wir von der Natur lernen. In der Natur heißt Nachhaltigkeit, dass das, was wir entnehmen, wieder nachwächst. Das würde für unsere Arbeit bedeuten: Wir brauchen Zeiten der Regeneration, damit die Kraft, die wir in die Arbeit gegeben haben, wieder nachwachsen kann. Diese Zeiten der Regeneration sind die Zeiten der Erholung in der Familie, der Feierabend und der Schlaf. Und es sind Zeiten der Stille, der Meditation, des Gebetes. Es sind die Pausen, zweckfreie Augenblicke, in denen wir uns bewusst gönnen, einmal nichts zu tun. Aber viele Menschen setzen die Maßlosigkeit, die ihre Arbeit bestimmt, auch in der Freizeit fort. Da muss ständig etwas unternommen werden, weil sie mit der reinen Erholung nichts mehr anfangen können. Sie halten die Stille nicht aus. Manche können nicht in die Stille gehen, weil sie Angst haben vor dem, was dann auftauchen könnte. Da könnten sie mit ihrem ungelebten Leben in Berührung kommen. Da könnte ihnen aufgehen, dass sie an sich selbst vorbeileben. Daher müssen sie jeden stillen Augenblick mit irgendetwas füllen. Diese Haltung führt dazu, dass sie sich immer erschöpft fühlen. Es gibt keine Zeit, in der die innere Kraft nachwachsen kann. Sie sehnen sich nach Ruhe, aber die finden sie nicht ohne Stille.

Zur Nachhaltigkeit im Umgang mit den eigenen Kräften gehört das Einhalten von Pausen. Viele Menschen meinen, sie müssten ihre Arbeitskraft ständig noch effektiver einsetzen. So nutzen sie die Pause während der Arbeit, um ihre Mails zu beantworten oder um schnell noch ein Brot zu essen. Doch das ist keine Pause. Der Mensch braucht Pausen, um innerlich zu regenerieren. Wie wir von der Gehirnforschung wissen, braucht auch das Gehirn Pausen, um sich immer wieder zu reorganisieren. Wer Pausen einhält, der ist viel kreativer als der,

der meint, er würde seine Leistung durch Intensivierung weiter steigern. Wenn mir beim Schreiben nichts mehr einfällt, dann mache ich eine Pause und lege mich für zehn Minuten aufs Bett. Ich überlege nicht, was ich jetzt schreiben soll. Indem ich mir erlaube, in diesen zehn Minuten nicht an das Buch zu denken, kommen mir auf einmal von alleine gute Gedanken, wie ich weiterschreiben kann.

Eine Frau, die mit Heilkräutern arbeitet, erzählte mir, dass man zwischen dem 1. November und dem 2. Februar keine Wurzeln ausgraben darf. Die Pflanzen brauchen in dieser Zeit Ruhe, um aus der Erde heilende Kräfte in die Wurzeln fließen zu lassen. Die Kirche hat die Weisheit der Natur übernommen und lädt uns ein, in dieser dunklen Zeit unsere Wurzeln zu pflegen, indem wir uns Zeit für die Stille nehmen. Die Feste des Kirchenjahres, die in diese Zeit fallen – Allerheiligen, Allerseelen, Adventszeit, Weihnachten und schließlich Mariä Lichtmess – bieten uns eine gute Gelegenheit, nach innen zu gehen und uns unserer Wurzeln bewusst zu werden. Die Wurzeln brauchen Nahrung, damit sie ihre heilende Kraft in die Heilkräuter strömen lassen können. Auch unsere Wurzeln brauchen Nahrung im Gebet und in der Meditation, im Gespräch und in der Stille, damit wir das Jahr gut bewältigen können.

Das Ziel des maßvollen Umgangs mit den eigenen

Kräften und den Kräften der Mitbrüder ist für Benedikt das Meiden der Traurigkeit und des Murrens. Immer wieder mahnt Benedikt den Cellerar: »Er mache die Brüder nicht traurig.« (RB 31,6) Er soll alles maßvoll ordnen, um niemanden zu überfordern. Und er soll den Brüdern geben, was notwendig ist, ohne dass sie ständig darum bitten müssen: »Zur bestimmten Stunde werde gegeben, was zu geben ist, und erbeten, was zu erbitten ist: denn niemand soll verwirrt und traurig werden im Hause Gottes.« (RB 31,18 f.) Niemand im Kloster soll traurig werden oder in innere Verwirrung geraten. Und niemand soll Anlass haben zum Murren.

Traurigkeit und Murren sind für Benedikt die zwei Gefahren, die das Leben einer Gemeinschaft trüben. Daher soll sowohl der Abt als auch der Cellerar dafür sorgen, dass die Brüder gerne in der Gemeinschaft leben und arbeiten. Alles soll maßvoll geregelt sein. Allerdings weiß Benedikt auch, dass das Murren nicht allein vom maßvollen Umgang mit den Kräften der Mitbrüder abhängt, sondern auch von der inneren Einstellung. Es gibt Mitbrüder, die bei allem murren, denen man es nie recht machen kann. Benedikt geht streng mit ihnen um. Sie sollen bestraft werden. Das ist heute nicht mehr möglich. Aber es ist wichtig, gegen das Murren vorzugehen, es zu hinterfragen, es dem Murrer als unangemessenes Verhalten zu spiegeln. Denn letztlich stecken maßlose Ansprüche an das Leben dahinter.

»Murren« findet heute seinen Ausdruck in der Unzufriedenheit. Es ist alles zu wenig, was man bekommt: zu wenig Geld, zu wenig Aufmerksamkeit, zu wenig Liebe, zu wenig Zuwendung, zu wenig Anerkennung. Doch wer immer auf das »zu wenig« schaut, der ist nie zufrieden. Der wird das Murren verinnerlichen, gegen das der hl. Benedikt so scharf vorgeht. Das Murren verhindert die beiden wichtigsten Einstellungen, die für das Gelingen des Lebens notwendig sind: die Dankbarkeit und die Freude. Im Murren zeigt sich eine infantile Haltung. Diese Haltung ist heute weit verbreitet. Pascal Bruckner fragt in seinem Buch ›Ich leide, also bin ich‹*: »Ist das Baby die Zukunft des Menschen?« Er meint, der Mensch der Zukunft sei ein alterndes Riesenbaby mit Riesenansprüchen an die andern. Er murrt wie ein kleines Kind, das nicht bekommt, was es will. Oft haben kindliche Wünsche mit der Realität nichts zu tun. Die Kinder steigern sich in einen Wunsch hinein und meinen, die Welt würde zusammenbrechen, wenn er nicht erfüllt wird. Benedikt fordert von den Verantwortlichen, dass sie keinen Anlass zum Murren geben sollen. Aber er verlangt auch von den Mönchen, dass sie das Laster des Murrens meiden. Das werden sie nur dann tun, wenn sie sich mit ihren eigenen Wünschen und Illusionen

---

* Bruckner, S. 21 ff.

ehrlich auseinandersetzen. Es ist ihre Aufgabe, von der infantilen Haltung zu einer reifen Haltung zu gelangen. Der Murrer entspricht dem alternden Riesenbaby, das sich darüber beklagt, dass das Leben ihm das verweigert, was es unbedingt haben möchte.

Genug ist nicht genug

Die Unzufriedenheit, die Benedikt schon vor 1500 Jahren so scharf kritisiert hat, wenn er vom Laster des Murrens sprach, ist heute zu einem Kennzeichen der Gesellschaft geworden. Man ist mit nichts zufrieden. Auch wenn man alles hat, ist es nicht genug. Es gibt immer noch etwas, was man haben möchte, obwohl man es gar nicht braucht. Allein die Tatsache, dass der Nachbar sich ein neues Auto gekauft hat, genügt, um sich selbst ein neues Auto zu wünschen. Das alte ist nicht mehr gut genug, auch wenn es immer noch seine Dienste tut. Doch der Vergleich mit den andern führt dazu, dass man seine eigenen Ansprüche immer weiter nach oben schraubt. Man will immer mehr. Weil manche Menschen keine Mitte haben – Mitte hat mit Maß zu tun: *metron* und *medium* –, sind sie auch maßlos in ihren Wünschen.

In letzter Zeit hat sich jedoch auch eine andere Bewegung etabliert, die erkannt hat, dass die Haltung des »Ich-will-alles-und-noch-viel-mehr« weder glücklich macht noch Zufriedenheit erzeugt. »Simplify your life« ist ihre Devise: Vereinfache dein Leben. Entrümple deine Wohnung. Überlege, worauf du verzichten kannst. Entsorge oder verschenke, was du nicht brauchst. Du fühlst dich freier. Weniger ist mehr – das haben inzwischen viele eingesehen. In einer Wohnung, die vollgestellt ist mit allen möglichen Dingen, die man gekauft hat, weil sie billig angeboten waren, fühlt man sich nicht wohl. Man kann darin nicht mehr atmen. Das Leben vereinfachen beginnt damit, dass man seine Wohnung entrümpelt. Und dann kommt der Terminkalender dran. Da haben sich auch zu viele Verpflichtungen eingeschlichen, von denen man einmal meinte, man müsste sie wahrnehmen: dieses oder jenes Fitness-Training, diese oder jene Lebensberatung. Aber vor lauter verschiedenen Beratungsterminen kommt man gar nicht mehr zum Leben. Man kann die vielen Ratschläge gar nicht umsetzen, weil sie oft genug in ganz verschiedene Richtungen gehen.

Maß für unsere Arbeit, Maß für unsere Kräfte

Viele Menschen leiden an einem Burn-out. Auch wenn es heute verbreitet ist, für sich selbst dieses Etikett in Anspruch zu nehmen, so ist doch das Ausgebranntsein in den meisten Fällen ein großes Problem. Oft hängt es mit maßloser Arbeit zusammen. Wenn also jemand mit Burn-out zu mir kommt, frage ich ihn immer, warum er denn so maßlos gearbeitet hat. In aller Regel wird die Schuld dann auf die Firma oder den Firmenchef geschoben. Die hätten so große Ansprüche und Erwartungen und setzten einen ständig unter Druck. Doch die maßlose Arbeit hat immer auch mit den maßlosen Ansprüchen an sich selbst zu tun: Man möchte den Eindruck erwecken, dass man unbegrenzt belastbar ist. Man möchte nach außen keine Schwächen zeigen. Man hat Angst, seine Grenzen zu akzeptieren und sie gegenüber andern zu vertreten, sich ihnen gegenüber abzugrenzen. Sobald man sich völlig auf die Erwartungen und Ansprüche, die von außen an einen herangetragen werden, einstellt, verliert man die eigene Mitte. Und wer die Mitte verloren hat, verliert auch sein Maß. Er wird manipulierbar. Er setzt sich selbst unter Druck. Doch damit schadet er sich. Wer dagegen in seiner eigenen Mitte ist, wird kreativ auf den Druck von außen antworten. Er lässt sich nicht auspressen.

Viele arbeiten maßlos, um ihren maßlosen Ansprüchen an sich selbst zu genügen. Wer Freude an seiner Arbeit hat, der arbeitet auch viel. Aber er kennt sein Maß. Er hört auf sein Gefühl. Solange er gern arbeitet, fühlt er sich nicht erschöpft. Erschöpfung entsteht dann, wenn wir aus trüben Quellen schöpfen, aus der Quelle des Perfektionismus etwa oder der Sucht, bei allen beliebt zu sein, alle Wünsche erfüllen zu wollen, immer fit zu erscheinen. Wer über eine lange Zeit bis an seine Grenze geht oder sie gar überspringt, dem wird sein Leib oder seine Seele irgendwann sehr deutlich diese Grenze aufzeigen und ihn durch eine Krankheit zwingen innezuhalten.

Ich persönlich halte gerne Vorträge. Manchmal fühle ich mich jedoch ausgenutzt. Dann wehrt sich in mir etwas. Und das ist dann immer ein Zeichen, dass ich Grenzen setzen soll. Mein Gefühl regelt das Maß meiner Arbeit. Wer gegen die Anweisungen der Firma ständig inneren Widerstand spürt, weil er sie für sinnlos hält und für maßlos, der hat die Verantwortung, seinen Gefühlen gemäß zu handeln. Er soll dann auch dem Chef gegenüber zum Ausdruck bringen, dass er die Erwartungen für maßlos hält. Vielleicht kann er im Gespräch erkennen, dass das Maß vorübergehend überschritten werden muss. Aber er darf hoffen, dass es irgendwann wieder eingehalten wird.

Es gibt eine schöne Mönchsgeschichte, die zeigt, dass wir auf Dauer nur dann gut arbeiten und unser Leben bewältigen, wenn wir das richtige Maß einhalten:

Da war einer, der in der Wüste nach wilden Tieren Jagd machte. Er sah, wie der Altvater Antonios mit den Brüdern Kurzweil trieb, und er nahm Ärgernis daran. Da nun der Greis ihm klarmachen wollte, dass man sich zu-

weilen zu den Brüdern herablassen müsse, sprach er zu ihm: »Lege einen Pfeil auf den Bogen und spanne!« Er machte es so. Da sagte er zu ihm: »Spanne noch mehr!«, und er spannte. Abermals forderte er ihn auf: »Spanne!« Da antwortete ihm der Jäger: »Wenn ich über das Maß spanne, dann bricht der Bogen.« Da belehrte ihn der Greis: »So ist es auch mit dem Werk Gottes. Wenn wir die Brüder übers Maß anstrengen, versagen sie schnell. Man muss also den Brüdern ab und zu entgegenkommen.« Als der Jäger das hörte, ging er in sich, und mit großem Gewinn schied er von dem Altvater. Die Brüder aber kehrten gefestigt an ihren Ort zurück. (Antonios 13)

Wir können nur dann arbeiten, ohne erschöpft zu werden, wenn wir unseren Bogen nicht überspannen.

Disziplin und Ordnung

Zum Maßhalten gehört auch die Disziplin. Das Wort Disziplin ist uns Deutschen ein wenig suspekt. Denn im »Dritten Reich« hat man die Disziplin in das Zentrum der Pädagogik gestellt. Man wollte disziplinierte Kinder, weil man meinte, aus Jungen, die die Disziplin erlernt hatten, könne man bessere Soldaten machen. Als Reaktion auf diese Haltung betrachtete die Pädagogik der Nachkriegszeit die Disziplin eher kritisch. Sie befürchtete, dass Kinder vor lauter Disziplin ihre

Lebendigkeit verlieren. Doch so ist Disziplin nicht gemeint. Disziplin ist vielmehr die Bereitschaft, zu lernen und der Ordnung des Lebens zu entsprechen.

Das lateinische Wort *disciplina* kommt von *discipere*, das wiederum seine Wurzel in *capere* = nehmen hat. *Discipere* heißt etwas in die Hand nehmen, es zergliedern, um es zu erfassen. Disziplin beinhaltet also, dass ich mein Leben in die Hand nehme. Ich teile es so ein, dass ich es bewusst leben kann. So wird auch verständlich, warum für Hildegard von Bingen Disziplin die Kunst ist, sich immer und überall freuen zu können. Wer alles gleichzeitig in die Hand nimmt, übernimmt sich. Er kann nicht genießen. Er kann sich nicht freuen an dem, was er berührt. Weil er alles haben will, bekommt er letztlich nichts zu fassen. Disziplin ist also genau genommen die Kunst des gesunden Lebens. Wenn ich ein Stück Torte esse, kann ich es genießen. Wenn ich aber nicht aufhören kann, immer weiter zu essen, dann ärgere ich mich über mich selbst. Disziplin ist die Kunst, sich ohne schlechtes Gewissen an dem zu freuen, was man sich gönnt und was man gerade tut.

Gleichzeitig meint *disciplina* die richtige Ordnung, in die wir uns einordnen. Wir leben nicht formlos, sondern wir geben uns eine innere und äußere Ordnung, in der auch unsere Seele ihren Platz findet. Für den hl. Benedikt ist die Ordnung (*ordo*) ein wichtiger Begriff in der Regel. Benedikt geht es darum, das Leben der Mönche so zu ordnen, wie es ihrem Wesen entspricht und wie er es aus der Schöpfungsordnung herauslesen kann. Hildegard von Bingen hat diesen benediktinischen Ordo-Gedanken in ihrer Gesundheitslehre entfaltet. Gesund lebt der Mensch, wenn er der Ordnung gemäß lebt. Wenn er eine Lebenskultur aufbaut, die ihm guttut und die seine Fähigkeiten und Kräfte zur Blüte bringt. Wenn der Mensch sich der Ordnung Gottes gemäß verhält, dann kommt das Hildegards Verständnis zufolge der gesamten Schöpfung zugute. Sie gebraucht zur Veranschaulichung das Bild des Netzes, das der Mensch in seiner Hand hält.»So hält auch der Mensch das Welt-Netz in seiner Hand und bewegt die Elemente so, dass sie je nach seinem Tun ihre Ausstrahlungen senden.«* Von einem Menschen, der in der Ordnung steht, geht eine positive Ausstrahlung auf die Schöpfung aus, während innerlich chaotische Menschen eine destruktive Wirkung auf den Kosmos haben.

Es geht hier nicht um penible Ordnung. Aber wenn wir unseren Tag strukturieren und unsere Wohnung in einem ordentlichen Zustand halten, kommt auch die Seele in Ordnung. Bei manchen Menschen habe ich den Eindruck, dass da nichts in Ordnung ist. Sie bringen ihren Tag nicht auf die Reihe. Sie sind chaotisch beim Arbeiten, und chaotisch sieht auch ihre Wohnung

---

* Schipperges, S. 75

aus. Es gibt heute immer mehr »Messies«. Sie hausen wie auf einer Müllkippe und trauen sich oft gar nicht mehr, andere einzuladen. Sie genieren sich für ihre Unordnung, aber sie schaffen es nicht, sie zu beseitigen. Diese äußere Unordnung lässt auf ein inneres Chaos schließen. Vor allem junge Menschen verwandeln ihr Zimmer oft in kurzer Zeit in ein Chaos. Darin fühlen sie sich sogar wohl. Andere vertrauen darauf, dass ihre Eltern das Zimmer aufräumen. Doch wenn die Eltern konsequent sind und die Kinder in ihrem Chaos lassen, dann wird es ihnen irgendwann meist doch unerträglich, so zu leben.

Disziplin und Ordnung sind heute keine beliebten Wörter. Viele Eltern haben heute noch den Protest der 68er-Generation in den Ohren, die statt für Disziplin in der Erziehung für Freiheit und Spontaneität plädierte. Man sollte dem Gefühl des Kindes vertrauen. Doch ohne Disziplin und Ordnung wird der Mensch haltlos. Er verliert seine Form. Und wer ohne Form lebt, der fällt auseinander. Er verliert seine Mitte.

Disziplin ist daher auch die Kunst, sein Leben selber zu leben, anstatt gelebt zu werden: Ich nehme mein Leben selbst in die Hand. Ich forme es so, wie es für mich stimmt. Letztlich haben Disziplin und Ordnung die Aufgabe, unser Leben so zu gestalten, wie es unserem Wesen entspricht, wie es dem einmaligen Bild entspricht, das Gott sich von jedem von uns gemacht hat.

Diese Ordnung beginnt bei unseren Gedanken. Es gibt Menschen, die ihre Gedanken nicht ordnen können. Daher haben die Mönche als wichtige Aufgabe ihrer Askese den richtigen Umgang mit den Gedanken gesehen. Das bedeutet: Ich lasse mich nicht von den tausend Gedanken, die in meinem Kopf auftauchen, bestimmen. Ich lasse mich nicht von ihnen überfluten. Ich denke selber. Zu diesem aktiven Denken gehört, dass ich die Gedanken, die unkontrolliert auftauchen, bewusst wahrnehme, anschaue und bewerte. Dann kann ich einen Teil der Gedanken wieder wegschicken. Oder aber ich befrage sie, was sie mir sagen wollen. So kommt langsam Ordnung in die Gedanken. Ich verstehe mein inneres Chaos. Und sobald ich es verstehe, kann ich es ordnen.

Nach der Ordnung der Gedanken kommt ein geordnetes Sprechen. Es gibt Menschen, die nicht zuhören können. Sie müssen immer selber reden. Sie reden viel, aber es ist ohne Sinn. Und oft genug ist ihr Reden so chaotisch, dass man ihrem Gedankengang gar nicht folgen kann. Man hat den Eindruck, dass sie nur sprechen, um ihr inneres Chaos und ihre innere Leere zu überspielen. Wer aber chaotisch redet, der kann kein Gespräch führen. Er hört nicht zu, er lässt den andern nicht ausreden.

Nach der Ordnung des Sprechens kommt die Ordnung des Tuns. Viele hüpfen in ihrer Arbeit von einem Punkt zum nächsten. Aber es gibt auch andere. Es ist ein Segen, mit Menschen zusammenzuarbeiten, die in sich geordnet sind und diese Ordnung und Struktur in ihre Arbeit bringen. Das fängt bei den regelmäßigen Besprechungen an und es zeigt sich in der klaren Reihenfolge, mit der sie festlegen, wann sie die verschiedenen Aufgaben bewältigen möchten.

Und nach der Ordnung der Arbeit kommt schließlich die Ordnung des Lebens. Paulus mahnt die Thessalonicher: »Weist die zurecht, die ein unordentliches Leben führen!« (1 Thess 5,14) Das Leben in Ordnung bringen heißt: die Beziehungen ordnen, seinen Lebensstil, sein Essen und so das gesamte Leben.

Das richtige Zeitmaß

Zum Maß gehört auch das richtige Zeitmaß. Wir arbeiten zu viel, weil wir die Zeit der Arbeit überziehen. Wir achten nicht auf den eigenen Rhythmus. Die Weisheit der Regel Benedikts besteht darin, dass er das Leben der Mönche so ordnet, dass alles seine Zeit hat: die Arbeit, das Gebet, das Wachen und das Schlafen, das Lesen und das Meditieren und die Zeit, um gemeinsam Mahl zu halten. Heute gibt es viele Kurse über Zeitmanagement.

Aber die Gefahr ist, dass wir dann noch mehr in unsere Zeit hineinstopfen und noch maßloser mit ihr umgehen. Ich habe den Eindruck, dass manche, die ein gutes Zeitmanagement anstreben, die Zeit als Gegner sehen, den sie besiegen müssen. Mir geht es darum, die Zeit als Freund zu sehen. Es geht mir um Achtsamkeit im Umgang mit der Zeit.

Die Griechen kennen zwei Wörter für Zeit: *chronos* und *kairos*. Chronos war der Urgott, der seine Kinder aufgefressen hat. Und so ist auch *chronos* die Zeit, die uns auffrisst: die hektische Zeit, die Zeit, die uns ständig antreibt, schneller zu arbeiten, und die uns von einem Termin zum andern hetzt. Das deutsche Wort »hetzen« kommt von »hassen«. Wer von einem Termin zum andern hetzt, der hasst sich selbst. Die *chronos*-Zeit ist also eine Zeit des Selbsthasses, und wenn wir andere in die getaktete Zeit des Chronos hineinzwängen, dann ist es auch eine Zeit des Hasses auf die andern.

Der negativen Zeit setzen die Griechen den Begriff *kairos* entgegen, die angenehme Zeit, von der auch Jesus immer spricht. Das Markusevangelium erzählt uns vom Beginn der Predigttätigkeit Jesu. Das erste Wort, das Jesus verkündet, lautet: »Die Zeit (*kairos*) ist erfüllt, das Reich Gottes ist nahe. Kehrt um und glaubt an das Evangelium.« (Mk 1,15) Die angenehme Zeit ist die erfüllte Zeit, die Zeit, die nicht mit Terminen voll ist, sondern von Gottes Nähe. Es ist die Zeit, in der ich ganz gegenwärtig bin. Denn Gott ist immer der gegenwärtige Gott. Und es ist die Zeit, in der Gott herrscht und nicht der Mensch mit seinen Erwartungen und Ansprüchen. Dort, wo Gott in mir herrscht, bin ich frei von dem Druck der Menschen, bin ich frei von dem Druck, den ich mir selber mache. Aber es verlangt, dass ich umkehre, oder wie die Griechen sagen: umdenke (*metanoein*). Ich muss mit anderen Augen auf die Zeit schauen. Gleichzeitig ist *kairos* der rechte Augenblick. Die Griechen stellen *kairos* als jungen Mann dar. Er geht auf Zehenspitzen oder steht auf Rädern und balanciert eine Waage auf einer Rasierklinge. Interessant ist sein Kopf. Auf der Stirn trägt er einen Haarschopf. Der Hinterkopf dagegen ist kahl. Mit dieser Darstellung wollten die Griechen zeigen: Man muss die Gelegenheit beim Schopfe packen. Der Augenblick ist flüchtig. Ist er vorbeigeeilt, kann man ihn nicht mehr einholen. Daher muss man dem *kairos* von vorne begegnen und ihn ergreifen, sobald er sich zeigt.

Ob wir die Zeit als *kairos* oder als *chronos* erleben, das hängt von uns und unserer Einstellung ab. Wenn ich ganz bei mir bin, ganz im Augenblick, dann ist die Zeit eine angenehme Zeit. Aber wenn ich mich ständig unter Druck setze, das oder jenes noch erledigen zu müssen, dann wird sie zur unangenehmen Zeit, die mich auffrisst. Wenn ich im Augenblick bin, dann lasse ich mich ganz auf die Arbeit, auf das Gespräch mit dem Mitarbeiter oder Kunden ein. Ich vermittle dem andern, dass ich alle Zeit der Welt habe. Wenn ich dagegen immer schon auf die Uhr schaue, um den nächsten Termin nicht zu verpassen, dann wird das Gespräch hektisch. Ich bin nicht präsent. Und so spürt der andere nicht, dass ich ihm Zeit schenke. Er nimmt nur den Zeit*druck* wahr, unter dem ich stehe.

Die Kunst, ganz gegenwärtig zu sein, achtsam zu sein, im Augenblick zu sein, ist die eine Bedingung, damit ich die Zeit als *kairos* erlebe. Eine andere Bedingung für die angenehme Zeit sind ein gesunder Rhythmus und heilsame Rituale.

Im Rhythmus leben

Was die Gäste, die zu uns ins Kloster kommen, am meisten beeindruckt, ist der Rhythmus des Klosterlebens, in den sie sich einschwingen. Gerade Führungskräfte, die unsere Seminare besuchen, lassen sich von ihm anregen, über ihren eigenen Tagesrhythmus nachzudenken. Dem Leben einen Rhythmus zu geben, war auch ein wichtiges Anliegen des hl. Benedikt. Benedikt achtet darauf, dass die Mönche eine gute Tagesordnung haben, dass der Rhythmus zwischen Gebet und Arbeit, zwischen Einsamkeit und Gemeinschaft stimmt. Dabei geht er vom Rhythmus der Natur und vom Biorhythmus der Mönche aus. Die Natur als die ursprüngliche Weisheitslehrerin des Menschen zeigt ihm anhand ihres Rhythmus, wie er gesund leben kann. Es gelingt ihm, wenn er sich nach dem Rhythmus von Tag und Nacht, von Licht und Dunkelheit und nach dem Siebener-Rhythmus der Woche richtet, der sich schon sehr früh herausgebildet hat. Nach sechs Tagen Arbeit braucht der Mensch einen Ruhetag.

Die jüdische Kultur war geprägt von einer Hochschätzung des Sabbats. Das war immer auch eine Hochschätzung des Menschen, der eben nicht nur für die Arbeit da ist, sondern sich einen Tag der Ruhe gönnt, einen Tag, an dem er Zeit hat zum Lesen, zum Feiern, zur Stille und zum Gespräch. Die christliche Tradition hat die Hochschätzung des Sabbats auf den Sonntag übertragen. In letzter Zeit wird jedoch die Kultur des Sonntags immer mehr in Frage gestellt. Es greift um sich, dass an Sonntagen die Geschäfte geöffnet haben. Diese Mode nehmen viele Menschen dankbar an. Denn auf diese Weise sind sie beschäftigt und können auch am siebten Tag der Woche nach Lust und Laune konsumieren. Sie merken gar nicht, dass das kein Gewinn, sondern ein Verlust ist: der Verlust eines besonderen Tages, eines Tages, der sich von allen anderen Tagen der Woche unterscheidet. Die Bibel spricht von der Sabbatruhe Gottes, an der der Mensch am Sabbat teilhat. Der Sonntag schützt also die Würde des Menschen. Er bewahrt ihn davor, dass er nur Produzent oder Konsument ist. Der Mensch gewinnt seine Würde, indem er wenigstens einmal in der Woche innehält, um im Innern Halt zu finden.

Aber es gibt auch einen Jahresrhythmus, nach dem sich alle, die in und mit der Natur arbeiten, richten. Im Winter ziehen sie sich in die warme Wohnung zurück und tun das, was die Jahreszeit erlaubt. Das Frühjahr ist geprägt vom Bestellen der Felder, der Sommer von harter Arbeit. Diese richtet sich nach dem Wetter. Bei zu großer Hitze macht man mittags eine Pause, man stellt sich ein auf Sonne und Regen. Der Herbst ist die Zeit der Ernte und der Erntedankfeste. Zugleich sind die Jahreszeiten immer auch Symbole für das Leben des Menschen: der Frühling für die Jugend, der Sommer für die Blüte des Lebens und der Herbst für das Älterwerden.

Wer ständig gegen seinen inneren Rhythmus, seinen Biorhythmus, arbeitet, der beutet sich selbst aus. C. G. Jung meinte einmal: Wer im Rhythmus arbeitet, kann effektiver und nachhaltiger arbeiten. Der Rhythmus hält uns lebendig. Für mich persönlich ist der Rhythmus des Arbeitens ganz wichtig geworden. Wenn ich an meine Schulzeit zurückdenke, so war das Wichtigste nicht das, *was* ich gelernt habe. Ich habe vielmehr gelernt, *wie* ich richtig lerne. So habe ich beim Lernen täglich nie mehr als eine halbe Stunde für ein Fach verwendet.

Und ich habe meine Zeit gut eingeteilt: Ich habe angefangen mit dem Lernen von lateinischen und griechischen Vokabeln. Dazu braucht es die meiste Konzentrationsfähigkeit. Dann habe ich die schriftlichen Arbeiten gemacht und dann für die Nebenfächer gelernt. Indem ich abgewechselt habe, blieb ich wach und offen für das Neue, das ich jeweils in die Hand genommen habe. Auch heute achte ich auf die Zeiten, in denen ich am leistungsfähigsten bin, in denen ich gut denken kann, und auf die Zeiten, in denen meine Kraft nachlässt und ich nur leichtere Arbeiten erledigen kann. Und ich halte immer wieder inne. Ich mache Pausen, um wieder mit der inneren Quelle in Berührung zu kommen. Die Pausen sind immer kreative Pausen.

Viele meinen heute, sie müssten möglichst viel auf einmal machen. Sie müssten powern, um eine Arbeit fertig zu bringen. Doch wenn sie gegen ihren Rhythmus arbeiten, kommt nicht viel dabei heraus. Sie machen unnötig viele Fehler. Sie können sich nicht mehr konzentrieren. Und vor allem verlieren sie die Kreativität.

Manche wundern sich, dass ich neben meiner Arbeit in der Verwaltung, neben meinen vielen Vorträgen und Kursen noch so viele Bücher schreiben kann. Das macht der Rhythmus. Ich habe jede Woche sechs Stunden zum Schreiben: am Dienstag und Donnerstag morgens zwischen 6.00 und 8.00 Uhr und am Sonntagnachmittag. Auf diese sechs Stunden freue ich mich. Dann bin ich auch ganz präsent. So fühle ich mich bei den anderen Arbeiten nie gehetzt. Es kommt eins nach dem andern. Und ich achte darauf, dass ich zwischen meiner Arbeit in der Verwaltung und den Vorträgen am Abend eine kurze Pause habe, in der ich mich regenerieren kann. Ich lege mich 15 Minuten aufs Bett und sage mir vor: Jetzt musst du gar nichts tun. Genieße einfach nur die Schwere der Müdigkeit. Und genieße, jetzt einfach frei zu sein. Dann wächst von alleine wieder Energie für den Vortrag. Natürlich gehört zum guten Rhythmus immer auch die innere Einstellung, dass ich mich bei dem, was ich tue, nicht unter Druck setze. Wenn ich das, was ich tue, einfach wachsen lasse – so wie in der Natur einfach alles heranwächst –, dann verbrauche ich weniger Energie.

Wenn Sitzungen in Firmen zu lange dauern, ohne dass eine vernünftige Pause gemacht wird, kommt meist nicht viel dabei heraus. Aber es kommt leicht zu Aggressionen. Dann braucht man nochmal so viel Zeit, um die Aggressionen wieder aus der Welt zu schaffen. Viel effektiver wäre es da, den Sitzungen einen gesunden Rhythmus zu geben. Das gilt auch für die langen Sitzungen, die die Politiker durchstehen müssen. Auch da wäre es sinnvoll, gute und kreative Pausen einzulegen. So könnten konstruktivere Gedanken entstehen als in Power-Sitzungen, bei denen man nur an den alten Positionen festhält.

Für den hl. Benedikt ist es ganz entscheidend, dass der Abt alles gut ordnet – auch die Zeiten. Das Gelingen des Lebens im Kloster hängt von einer guten Tagesordnung ab. Wir Mönche heute haben nicht mehr exakt die Tagesordnung, die Benedikt für sein Kloster vor 1500 Jahren vorgesehen hat. Aber auch für uns ist es wichtig, dass wir immer wieder über unsere Tagesordnung nachdenken. Allerdings sind wir sehr vorsichtig, sie kurzfristig zu ändern, denn was sich bewährt hat, sorgt für ein gutes Miteinander.

Dr. Vescovi, ein Kurarzt, hat einmal für eine Woche unseren Rhythmus im Kloster mitgelebt und dabei festgestellt, dass der Tagesrhythmus dem Biorhythmus des Menschen entspricht. Gerade auch die fünfmaligen Stundengebete, die wir heute noch beten, sind im Einklang mit dem Biorhythmus.

Eine gute Tagesordnung tut aber auch den Menschen gut, die in der Welt leben. Wenn der Beginn ihrer Arbeit ein frühes Aufstehen verlangt, sind sie gezwungen, entsprechend früh zu Bett zu gehen. Ihre Tagesordnung wird von der Arbeit geprägt. Je eher sie damit anfangen, desto eher können sie auch wieder aufhören. Und den Feierabend genießen. Allerdings gibt es genügend Menschen, die mit ihrer freien Zeit wenig anfangen können. Sie kommen müde nach Hause. Doch anstatt sich der Müdigkeit ganz bewusst hinzugeben und sich einige Augenblicke der Pause zu gönnen, in denen sie sich wieder regenerieren würden, fangen sie alle möglichen Tätigkeiten an. Oft kommt wenig dabei heraus. Oder sie setzen sich vor den Fernseher und lassen sich berieseln. Oder sie surfen im Internet. Auch das führt nicht zur Zufriedenheit. Und vor allem führt es nicht zu einer angenehmen Zeit, die sie genießen können. Es ist dann eher eine Zeit, die sie totschlagen mit irgendwelchen Dingen.

Damit das Leben gelingt und damit ich es mit innerer Zufriedenheit lebe, braucht es einen guten Rhythmus. Der Rhythmus gibt mir das Gefühl von Heimat und Geborgenheit. Ich habe für das Wesentliche Raum. Ich lasse mich ganz auf die Arbeit ein, aber ich freue mich auch auf den Feierabend, auf die Zeit, die ich für mich habe. Und ich überlege mir, wie ich diese freie Zeit so gestalte, dass sie mir guttut, dass ich das Gefühl habe: Ich lebe, anstatt gelebt zu werden.

Die Kraft der Rituale

Damit meine Zeit eine angenehme Zeit wird – *kairos* oder wie es im Lateinischen heißt: *occasio* = gute Gelegenheit, bequeme oder günstige Zeit –, braucht es heilsame Rituale. Rituale schaffen eine heilige Zeit und einen heiligen Ort. Heilig ist für die Griechen das, was der Welt entzogen ist. Und für die Griechen vermag allein das Heilige zu heilen. Wir sind ständig den Erwartungen anderer Menschen ausgesetzt. Die Familie hat Erwartungen an uns, die Firma, die Pfarrei, der Chef, die Kunden, die Gesellschaft. Wenn wir immer nur Erwartungen erfüllen müssen, haben wir den Eindruck, dass wir von außen gelebt werden. Das macht uns leicht bitter und hart. Da brauchen wir Rituale, die uns eine heilige Zeit schenken, eine Zeit, die uns selbst gehört, über die niemand sonst bestimmen kann. In dieser heiligen Zeit können wir aufatmen. Wenn wir jeden Tag eine heilige Zeit haben, die uns gehört, die wir genießen können, in der wir uns frei fühlen, dann wird auch die übrige Zeit davon beeinflusst. Die heilige Zeit des Rituals verwandelt unsere Zeit von der *chronos*-Zeit in eine *kairos*-Zeit, in eine angenehme Zeit.

Die heilige Zeit gibt uns auch für die übrige Zeit ein anderes Gefühl. Wir werden dann nicht einfach nur funktionieren. Wir werden auch in der Zeit der Arbeit und der Erwartungen noch das Gefühl in uns haben, dass etwas Heiliges in uns ist, über das andere nicht verfügen können. So werden wir unsere innere Freiheit mitten im Trubel der Arbeit spüren.

Das griechische Wort für heilig ist *hagios*. Es wird im Deutschen zum Hag, zum Gehege, zu einem umzäunten und abgegrenzten Bezirk. Auch das deutsche Wort »behaglich« leitet sich davon ab. In der heiligen Zeit und am heiligen Ort fühle ich mich behaglich, da behagt es mir, da gefällt es mir. Da fühle ich mich geschützt und geborgen.

Die heilige Zeit ist immer auch eine geschenkte Zeit.

Doch viele können mit diesem Geschenk nichts anfangen. Sie können die geschenkte Zeit nicht genießen. Sie stopfen sie zu mit allerhand Aktivitäten. Sie überfrachten die eigentlich freie Zeit mit zu vielen Unternehmungen. Pascal Bruckner spricht vom Freizeitasketismus: »In unserer verzehrenden Suche nach jeder Möglichkeit, sich zu vergnügen, steckt so etwas wie Strenge und beinahe Asketismus.« Askese ist eigentlich: Enthaltsamkeit und Übung. In der Askese übt man sich ein in die Freiheit von den eigenen Bedürfnissen. Doch der heutige Freizeitasketismus ist das Gegenteil: Man strengt sich an – nicht, um auf etwas zu verzichten, sondern um etwas zu genießen. Weil man alles genießen muss, wird alles zur Anstrengung. Und so spricht Bruckner von einem neuen Menschentyp, den dieser Freizeitasketismus hervorbringt: »den hyperaktiven Nichtstuer, der immer in Alarmbereitschaft ist, bereit zum Erstürmen des Amüsierbabel«.*

Rituale rhythmisieren die Zeit. Sie geben ihr eine gute Struktur. Und diese äußere Struktur ordnet auch unsere Seele. Sie bringt Ordnung in unser Leben. Ein wichtiger Aspekt der Rituale ist dabei, dass sie eine Tür schließen und eine Tür öffnen. Menschen, die sich dem Multitasking verschreiben, sind immer online. Sie sind im-

---

* Bruckner, S. 63

mer im Dienst. Doch das tut ihrer Seele nicht gut. Vor allem sind sie dann nicht wirklich dort, wo sie gerade sind, sondern immer woanders. Das ist vor allem am Abend häufig zu beobachten. Viele Menschen kommen von der Arbeit heim, sind aber mit dem Kopf noch dort. So sind sie zwar körperlich zu Hause, aber nicht seelisch, nicht mit ihrem Herzen. Die Kinder merken sofort, ob die Eltern die Tür der Arbeit geschlossen und die Tür der Familie geöffnet haben oder ob sie gedanklich noch in der Arbeit sind. Sie werden dann quengelig und fordern die ungeteilte Aufmerksamkeit der Eltern. Wenn die Eltern jedoch die Tür der Arbeit geschlossen haben, sind die Kinder schnell zufrieden. Sie spüren, dass die Eltern ganz für sie da sind. Dann brauchen sie auch nicht mehr ständig ihre Nähe zur Bestätigung. Wer die Tür der Arbeit nicht durch ein Ritual schließt, der steht immer im Durchzug. Und der Durchzug tut weder seiner Seele noch seinem Leib gut. Wer im Durchzug steht, erkältet sich leicht. Er wird leichter krank. Es braucht ein Ritual, um die Tür zu schließen. Nur dann kann sich die Tür zu einem neuen Raum öffnen.

Menschen, die nicht abschalten können, die unfähig sind, im Augenblick zu sein, sind fahrig und unruhig, denn sie sind immer mit den Problemen der Arbeit beschäftigt, immer im Dienst. Sie erleben keine angenehme Zeit, in der sie sich Zeit lassen, in der sie die Zeit genießen, die ihnen geschenkt ist. Das führt zu einem

Dauerstress. Objektiv gesehen arbeiten diese Menschen nicht mehr als die, die aus der Ruhe heraus arbeiten. Sie haben nur das Gefühl, ständig zu arbeiten. Und dieses Gefühl, diese permanente Anspannung erschöpft sie. Viele Firmen haben allerdings auch den Anspruch an ihre Mitarbeiter, dass sie ständig erreichbar sein müssen. Diese können sich dann nicht in aller Ruhe auf ihr Leben in der Familie einlassen oder auf den Spaziergang oder auf das entspannte Lesen eines Buches. Ständig müssen sie mit einem Telefonanruf rechnen. Dieses Rund-um-die-Uhr-verfügbar-sein-Müssen ist auch eine Maßlosigkeit, die dem Wesen des Menschen widerspricht.

Noch zwei andere Wirkungen von Ritualen sind für mich wichtig. Die eine: Rituale schaffen Heimat. Sie geben mir das Gefühl, daheim zu sein. Es ist mein eigenes Leben. Ich gestalte es. Die immer wiederkehrenden Rituale schenken mir Geborgenheit. Erhart Kästner hat diese Fähigkeit der Rituale, Geborgenheit zu stiften, so beschrieben: »Neben dem Drang, die Welt zu gewinnen, liegt ein eingeborener Drang, immer Selbes aus uralten Formen zu prägen. In Riten fühlt die Seele sich wohl. Das sind ihre festen Gehäuse. Hier lässt es sich wohnen.«[*] Wer sich daheim fühlt, der hat Anteil an in-

---

[*] Kästner, S. 53

neren Quellen. Und so wird er nicht so leicht erschöpft oder ausgebrannt sein. Die Heimat ist ein Raum, in dem wir gerne wohnen und uns innerlich erholen. Wir holen uns in der Heimat das, was wir für unseren Leib und unsere Seele brauchen. Wem die Rituale Heimat schenken, der kann innerlich loslassen, sich getragen fühlen. Er muss nicht immer kämpfen. Er ist frei von dem Druck, sein Leben bewältigen zu müssen. In der Heimat kommt er zur Ruhe. Und da spürt er seine eigenen Kräfte, die in ihm schlummern.

Die andere Wirkung: Rituale geben uns Anteil an den Wurzeln. Wenn eine Familie z. B. an Weihnachten die Rituale feiert, die sie schon immer an diesem Fest gefeiert hat, dann ist das nicht Nostalgie oder Ausdruck einer konservativen Gesinnung. Vielmehr ermöglichen es die Rituale, an der Lebenskraft und Glaubenskraft der Vorfahren teilzuhaben. Eine adlige Frau erzählte mir von ihren Söhnen, die alle in der Industrie tätig sind. Es sind moderne Menschen, die ihren Mann stehen. Doch an Weihnachten haben sie das Bedürfnis, die alten Rituale der Familie zu feiern, so wie auch schon die Vorfahren diese Rituale gefeiert und mit ihnen ihr Leben gemeistert haben, auch in schwierigen Zeiten. Die jungen Männer spüren, dass sie in den Turbulenzen ihres Lebens Kontakt zu ihren Wurzeln brauchen. Wenn sie mit ihren Wurzeln in Berührung kommen, dann fühlen sie sich wieder gestärkt, sich dem Leben mit seinen

Herausforderungen zu stellen. Wurzellosigkeit – so sagt die Psychologie – ist eine der vielen Ursachen von Depressionen. Der Baum, der keine Wurzeln hat, verdorrt, sobald der Regen ausbleibt. Wenn wir jedoch in den Ritualen mit unseren Wurzeln in Berührung kommen, dann wird unser Baum auch Stürme und Trockenzeiten überstehen.

Bei einer Sache bleiben

Die Rituale wollen uns dazu befähigen, ganz im Augenblick zu bleiben. Die Tür des gerade Vergangenen wird geschlossen, damit die Tür der Gegenwart sich auftun kann. Wenn wir ganz im Augenblick sind, dann erleben wir die Zeit als *kairos*, als angenehme Zeit. Es ist nichts wichtiger als dieser eine Augenblick, in dem wir jetzt leben. Dann fühlen wir uns nicht unter Druck gesetzt. Wir sind einfach ganz gegenwärtig. Wir gehen auf in dem, was wir gerade tun.

Ein berühmter Zenmeister wurde einmal gefragt, was das Besondere des geistlichen Weges sei. Er antwortete: »Wenn ich sitze, dann sitze ich, wenn ich stehe, dann stehe ich, wenn ich gehe, dann gehe ich.« Da sagte der Fragende: »Das tue ich doch auch. Das ist doch nichts Besonderes.« Doch der Meister antwortete: »Nein, wenn du sitzt, dann stehst du schon, und wenn du stehst, dann gehst du schon. Und wenn du gehst, denkst du schon wieder an andere Dinge, an deine Arbeit oder ans Essen.« Die Maßlosigkeit, dass wir alles zugleich wollen oder dass wir möglichst viel in unsere begrenzte Zeit hineinstopfen wollen, führt dazu, dass wir nicht im Augenblick sind, dass wir immer zerstreut sind. Doch so verliert unser Leben an Wert. Der einzelne Augenblick ist nichts wert, weil er immer schon von einem späteren überlagert wird. Wir können ihn gar nicht genießen, uns gar nicht auf ihn einlassen. Dadurch hindern wir uns am reinen Sein des Augenblicks und letztlich am wahren Leben. Denn Leben heißt: gegenwärtig sein, präsent sein, im Leben aufgehen.

Natürlich ist es sinnvoll, seinen Tag zu planen und nicht einfach so in ihn hineinzuleben. Wer das tut, der lebt nicht wirklich. Bewusst leben heißt: Ich überlege mir, was heute auf mich zukommt, und lasse mich auf jeden Augenblick neu ein. Manchmal habe ich am Morgen das Gefühl, ich hätte mir zu viele Termine für den Tag zugemutet. Doch dann denke ich: eins nach dem andern. Ich versuche, ganz im Augenblick zu sein. Ich muss nicht die ganze Post noch nebenbei erledigen. Ich tue das, was ansteht. Oft mache ich dann die Erfahrung, dass die Termine nicht so lange dauern, wie ich geplant hatte. Weil ich ganz gegenwärtig war, konnten wir das Problem schneller lösen. Und auf einmal gibt es ruhige Zeiten zwischen den Terminen, ich kann den Tag in aller Ruhe genießen, und am Abend habe ich das Gefühl: Ja, ich habe alles geschafft, was anstand. Aber es war kein hektischer Tag. Ich bin trotz allem ruhig geblieben, in meiner Mitte geblieben.

Die eigene Mitte finden

Der achtsame Umgang mit der Zeit und die Fähigkeit, im Augenblick zu leben, hängen davon ab, ob ich in meiner eigenen Mitte bin. Viele Menschen haben ihre Mitte verloren. Sie lassen sich zu sehr von außen bestimmen und kommen so nie zur Ruhe. Wer seine Mitte verloren hat, der kann sich nicht auf den Augenblick einlassen. Die frühen Mönche haben diesen Verlust der Mitte als *akedia* beschrieben. *Akedia* ist die Unfähigkeit im Augenblick zu sein. Evagrius schildert diese Unfähigkeit recht humorvoll. Da liest ein Mönch in seiner Zelle die Bibel. Dann schimpft er, dass das Licht so schlecht ist. Außerdem ist er müde. Er legt sich hin, nimmt die Bibel als Kopfkissen. Doch Schlaf will sich nicht einstellen. Das Kopfkissen ist zu hart. So steht er wieder auf und sieht nach, ob nicht ein Mitbruder ihn besucht. Dann schimpft er über die hartherzigen Mitbrüder, die ihn vergessen haben. Dann geht er zurück in seine Zelle. Er regt sich darüber auf, dass die Zelle feucht ist. Jetzt jucken seine Strümpfe. Und seine

Kleider gefallen ihm nicht mehr. Er kann sich selbst nicht aushalten.

Für die Mönche ist die *akedia* der typische Mittagsdämon. Der Mittagsdämon besucht den Mönch gerade in der Mittagszeit. Da ist er schläfrig und hat zu nichts richtig Lust. Der Mittagsdämon kommt heute zu uns in der typischen Krise der Lebensmitte, gerade dann, wenn wir meinen, unser Leben bewältigt zu haben, uns eingerichtet zu haben, uns auszukennen in unserem Leben. Wer vom Dämon der *akedia* geplagt wird, der könnte aus der Haut fahren. Er fühlt sich in seiner Haut nicht wohl. Er möchte immer woanders sein, nur nicht da, wo er gerade ist. Und schuld sind immer die andern. Die andern verstehen ihn nicht. Alles regt ihn auf. Das Wetter ebenso wie die Menschen. Entweder sind zu viele um ihn herum oder sie fehlen, so dass er keinen Spaß mit ihnen haben kann. Es ist letztlich eine Unfähigkeit zu leben. Die Mönche sprechen von der Gefahr dieses Dämons. Er zerreißt uns, er raubt uns die eigene Mitte.

Menschen, die an der *akedia* leiden, sind innerlich zerrissen. Sie haben keine Mitte. Sie sind nie bei sich selbst und nie bei dem, was gerade ist. Wenn sie arbeiten, stöhnen sie über die Anstrengung. Alles ist ihnen zu viel. Wenn sie beten, sind sie zerstreut, sie wissen nicht, was sie da im Gebet sollen. Und wenn sie nichts tun, ist ihnen langweilig. Diese Menschen sehnen sich während der Arbeit nach dem freien Wochenende. Doch wenn das freie Wochenende kommt, wissen sie nicht, was sie damit anfangen sollen. Sie fahren in Urlaub. Aber sie können den Urlaub nicht richtig genießen. Im Grunde können sie nichts genießen, nicht einmal das Nichtstun. Eine Frau erzählte mir von ihrem Mann, der an der *akedia* leidet. Er sitzt in der Küche und liest Zeitung. Dann schimpft er über sie und über die Journalisten, die einen solchen Unsinn schreiben. Dann geht er hinaus an die frische Luft. Doch nach kurzer Zeit kommt er wieder. Das Wetter passt ihm nicht. Dann schaut er, was die Frau heute kocht. Dann meckert er herum, warum sie gerade das kocht, er hätte auf etwas ganz anderes Appetit. Der Mann, der unzufrieden und in sich zerrissen ist, ist unausstehlich. Selbst wenn die Frau seine Lieblingsspeise kochen würde, wäre er nicht zufrieden. Er sucht immer etwas anderes, weil er es mit sich selbst nicht aushält. Er erwartet von äußeren Dingen, dass sie ihn zufriedenstellen. Aber da er keine Mitte hat, kommt nichts bei ihm an. Er kann sich mit Geld zustopfen. Es ist ein Fass ohne Boden. Er kann sich mit Fernsehen zustopfen, er wird trotzdem immer unzufrieden und mürrisch sein. Denn nichts, womit er sich zustopft, kann er genießen. Alles ist nur dazu da, seine innere Leere zu bedecken. Aber dann stöhnt er, dass zu viel auf ihn einströmt. Am liebsten möchte er aus der Haut fahren.

Die *akedia*, die die Mönche vor mehr als 1500 Jahren

beschrieben haben, ist heute weit verbreitet. In der Begleitung treffe ich immer wieder auf Menschen, die mit nichts zufrieden sind. Sie möchten weniger arbeiten, weil alles zu viel ist. Doch dann haben sie Angst, in ein Loch zu fallen, wenn sie nichts zu tun haben. Wer keine innere Mitte hat, der wird maßlos in allem, in seinen Bedürfnissen, in seinen Aktivitäten, in seinem Konsum. Was die Mönche mit *akedia* beschrieben haben, finden wir heute in einer Krankheit wieder, die sich immer mehr ausbreitet. Die Psychologen nennen sie »Borderline«. Borderline ist nicht identisch mit *akedia*. Aber manche Eigenschaften der Borderline-Persönlichkeit passen genau zu dieser Beschreibung. Die Borderline-Persönlichkeit zeichnet sich dadurch aus, dass sie keine Mitte hat. Daher hat sie sehr starke Stimmungsschwankungen. Im einen Augenblick himmelt sie den Freund an, im nächsten Augenblick stößt sie ihn mit ihrer maßlosen Kritik in die Hölle. Weil sie keine Identität hat, fühlt sie sich chronisch leer. Die mangelnde Mitte führt oft dazu, dass die Menschen maßlos essen oder trinken und rücksichtslos Auto fahren. Sie kreisen um sich selbst und schädigen sich immer wieder durch maßlose Verhaltensweisen. Man weiß nie, woran man mit einer Borderline-Persönlichkeit ist.[*]

Die Mönche haben als Therapie für die *akedia* das

---

[*] Kreisman/Straus, S. 25 ff.

Bleiben in der eigenen Zelle und eine gute Ordnung genannt. Wer keine Mitte hat, kann sich kaum ertragen. Umso wichtiger ist es, bei sich selbst zu bleiben. Der hl. Benedikt nennt dieses Bei-sich-Bleiben *stabilitas*. Die *stabilitas*, das Bleiben in der eigenen Zelle (oder dann später im Kloster) führt den Mönch allmählich zu einer inneren Stabilität. Weil er auf Fluchtmöglichkeiten verzichtet, lernt er mit der Zeit sich selber kennen und spürt seine eigene Identität. Das andere ist die Ordnung des Tages, aber auch die Ordnung in der Arbeit und in den Beziehungen. Die äußere Ordnung bringt den chaotischen Mönch nach und nach auch innerlich in Ordnung. Ob diese Therapie der frühen Mönche auch für Borderline-Persönlichkeiten hilfreich ist, kann ich nicht sagen. Aber es würde sich sicher lohnen, aus den Erfahrungen der frühen Mönche zu lernen. Die Psychologie bestätigt: Borderline-Persönlichkeiten fühlen sich in einem strukturierten Umfeld wohl. Dort können sie gut arbeiten und viel leisten. Für Borderline-Persönlichkeiten wäre aber nicht nur die äußere Ordnung und das Bei-sich-Bleiben wichtig, sondern auch eine verlässliche Beziehung. Es braucht Menschen, die es bei und mit ihnen aushalten, damit sie sich selbst aushalten können. Und es braucht Menschen, die sich nicht aus ihrer inneren Mitte heraustreiben lassen.

discretio – ein Kernbegriff mit vielen Facetten

Der hl. Benedikt liebt den Begriff *discretio*. *Discretio* kommt vom lateinischen *discernere*, das absondern, unterscheiden, entscheiden bedeuten kann. *Discretio* ist also ursprünglich die Gabe der Unterscheidung. Aber sie wird in der benediktinischen Tradition immer auch als Gespür für das rechte Maß gesehen. Das rechte Maß finde ich nicht nur durch rationale Argumente. Ich brauche ein Gespür für das, was angemessen ist. Das gilt für mich persönlich. Ich spüre, was für mich stimmt, wo ich verzichten und wo ich genießen soll. *Discretio* ist aber auch das Gespür für das Maß des andern. Ich spüre, was der andere braucht und was ihm guttut. Cassian, ein wichtiger Mönchsschriftsteller aus dem frühen 5. Jahrhundert, auf den sich Benedikt immer wieder bezieht, verbindet die *discretio* mit Klugheit und Maß. Es bedarf also der Klugheit, um das eigene Maß und das Maß des andern zu erkennen. Die *discretio* ist »das Unterscheidungsvermögen beim Maßgeben und Maßsetzen, die Rücksicht auf den Menschen und seine Veranlagung, das bedächtige Maßnehmen«.*

Schon die Mönche sagen: »Alles Übermaß ist von den Dämonen.« Es gibt Menschen, die ihre Askese übertreiben. Sie werden dann hart zu sich selbst und zu andern.

---

* Lambert, S. 238 f.

Sie können das Leben nicht mehr genießen. Es braucht immer beide Pole: Verzichten und Genießen. Wer nur einen Pol lebt, der wird maßlos in seiner Askese oder maßlos in seinem Konsum. Das rechte Maß gilt auch für die Einschätzung unserer selbst. Wir sollen uns weder selbst entwerten noch uns aufblähen mit zu großen Bildern. C. G. Jung weist auf eine Gefahr des Aufblähens hin: Wir identifizieren uns mit archetypischen Bildern, z. B. mit dem Bild des Asketen, des Propheten, des Reformators, des Helfers oder des Heilers. Solche Bilder scheinen für uns gut zu sein. Archetypische Bilder haben eine heilsame Funktion. Wenn wir uns Bilder, wie etwa das Bild des Helfers oder Heilers, einbilden, sie in unser Herz eindringen lassen, dann wecken sie in uns die Kraft des Helfens oder Heilens auf, die in unserer Seele oft verborgen schlummert. Archetypische Bilder wollen uns in Berührung bringen mit den Quellen, die auf dem Grund unserer Seele bereit liegen. Sie wollen uns zentrieren. Aber wenn wir uns mit archetypischen Bildern identifizieren, machen wir uns größer, als wir in Wirklichkeit sind. Und das führt häufig zu Realitätsverlust. Wir werden blind für unsere eigenen Bedürfnisse, die wir unter dem Deckmantel des großen Bildes ausagieren.

Ich bekomme immer wieder Briefe von selbst ernannten Propheten. Sie glauben, dass sie genau wissen, woran die heutige Welt krankt. Aber sie verkünden das mit einer Absolutheit und mit einer Aggressivität, die mich zurückschrecken lässt. Ich habe den Eindruck: Solchen Propheten darf man nicht widersprechen. Sie treten mit einem Absolutheitsanspruch auf und merken gar nicht, wie sie sich über ihr Maß erheben. Sie werden maßlos in ihren Forderungen und in ihrem Anspruch, immer recht zu haben. Wer den Blick für das eigene Maß verloren hat, der wird auch maßlos in seinem Verhalten andern Menschen gegenüber. Er hat kein Gespür mehr für deren Maß. Er kreist nur noch um seine eigenen Bedürfnisse.

Die frühen Mönche schätzen die Gabe der *discretio*, die Gabe der Unterscheidung der Geister. Abba Antonios, der erste Mönch und Vater aller Mönche, sagt einmal: »Es gibt solche, die ihren Leib mit Bußübungen aufgerieben haben. Da sie aber die Unterscheidungsgabe nicht hatten, haben sie sich von Gott weit entfernt.« (Antonios 8) Ohne *discretio* – so meint Antonios – gelangen wir nicht zu Gott. Auch in unserem geistlichen Leben können wir maßlos sein. Wir meinen es gut. Wir möchten Gott mit unseren Bußübungen gefallen. Aber wir können nicht unterscheiden, wo die Bußübungen unserem eigenen Ehrgeiz gelten und wo der Reinigung unserer Seele und der Öffnung für den Geist Gottes. Oft stehen unsere Leistungen zwischen uns und Gott. Wir meinen, wir würden Gott mit unserem Fasten oder unserer Askese dienen. In Wirklichkeit dienen wir uns selber, wir machen alles, um das eigene Ego aufzublähen.

Die Gabe der *discretio* wird von den alten Mönchen vor allem einer Frau zugesprochen: Amma Synkletika, die um das Jahr 400 in der ägyptischen Wüste gestorben ist. Sie war eine Nonne, um die sich zahlreiche Frauen scharten. Synkletika unterwies sie in der Askese. Dabei ging es ihr um das rechte Maß. *Wiederum sprach sie: »Es gibt eine überspannte Askese, die vom Feinde ist. Denn auch seine Schüler üben sie. Wie nun unterscheiden wir die göttliche, die königliche Askese von der tyrannischen, dämonischen? Offenkundig durch das Maß. Alle deine Zeit sollst du eine Norm für das Fasten haben. Faste nicht vier oder fünf Tage und brich es nicht die übrige Zeit durch eine Fülle der Speisen. Denn überall ist die Maßlosigkeit Verderben bringend. Solange du jung und gesund bist, faste. Es kommt das Alter mit seiner Schwäche. So viel du kannst, häufe dir einen Schatz an (geistlicher) Nahrung auf, damit du Ruhe findest, wenn du nicht mehr kannst.« (Synkletika 15)*

Die Maßlosigkeit ist nicht nur beim Konsum, sondern auch bei der Askese gefährlich und schädlich. Es braucht die *discretio*, um zu unterscheiden, wann eine Askese dem Menschen guttut und wann nicht. Es gibt auch eine Askese, die vom Feind stammt. Es ist die Askese, die dem eigenen Ego dient. Man möchte vor Gott etwas leisten, anstatt sich für Gott zu öffnen und seine Gnade in sich einströmen zu lassen. Askese – seelisches und körperliches Training in die innere Freiheit – ist vor allem der Jugend vorbehalten. Solange man Kraft hat, soll man sie einsetzen. Aber auch da braucht es immer das rechte Maß. Es gibt genügend Beispiele von Sportlern, die sich durch übermäßiges Training selbst ruiniert haben. Besonders aber – so ist Synkletika überzeugt – sollte man im Alter ein Gespür dafür haben, ob tatsächlich Askese angezeigt ist oder ob es vielmehr um eine innere Haltung Gott gegenüber geht. Askese ist immer nur eine Hilfe für die innere Freiheit. Aber im Alter muss man sich nicht mehr mit andern in seiner Askese messen. Da geht es um die innere Gelassenheit.

Die Gedanken der Amma Synkletika zur maßvollen Askese scheinen weit weg von der Realität heutiger Menschen zu sein. Und doch sind sie höchst aktuell. Ich kenne junge Menschen, die sich von maßlosen Bildern begeistern lassen und sich dann maßlos überfordern. Ein junger Mann erzählte mir, er wolle unbedingt Physik studieren. Doch in der Schule war er gerade in diesem Fach sehr schwach. Er hatte es sich in den Kopf gesetzt, dass er das Studium schaffen kann, wenn er es nur will und den Willen tief genug ins Unbewusste eingräbt. Doch der Mangel an *discretio* führte dazu, dass er während des Studiums psychisch krank wurde. Eine Psychose zeigte, dass er sein eigenes Maß überschritten hatte.

Einer solchen Maßlosigkeit begegne ich aber auch bei alten Menschen. Ein Mann, der schon pensioniert war, träumte davon, ein Haus zu gründen, in dem psychisch kranke Menschen gesund werden können. Das Anliegen war sehr gut. Doch dem Mann fehlten sowohl die finanziellen wie auch die psychischen Mittel. Was sich bei den Mönchen in maßloser Askese ausdrückte, das zeigt sich heute bei vielen Menschen in maßlosen Vorstellungen von den eigenen Fähigkeiten und dann in einem verbissenen Kampf, die eigenen Ideen zu verwirklichen, obwohl die äußere und auch die innere Realität zeigt, dass dieser Kampf vergebens ist und nur in die Katastrophe führen kann.

discretio im Umgang mit Menschen

Ohne *discretio* überfordern wir auch andere Menschen. Wir stülpen ihnen die Bilder über, die wir von ihnen haben. Ihnen sollen sie gerecht werden. Wir haben Erwartungen an sie und fordern von ihnen, dass sie sie erfüllen. Aber wir haben uns viel zu wenig in sie hineinversetzt, um erkennen zu können, ob sie überhaupt in der Lage sind, unsere Erwartungen zu erfüllen. Für den hl. Benedikt ist die *discretio* vor allem bei der Führung von Menschen wichtig. So ermahnt er den Abt: »Er lasse sich vom Gespür für den rechten Augenblick leiten und verbinde Strenge mit gutem Zureden. Er zeige den entschlossenen Ernst des Meisters und die liebevolle Güte des Vaters. Härter tadeln muss er solche, die keine Zucht kennen und keine Ruhe geben; zum Fortschritt im Guten ermutige er alle, die gehorsam, willig und geduldig sind; streng zurechtweisen und bestrafen soll er jene, die nachlässig und widerspenstig sind.« (RB 2,24 f.) *Discretio* heißt für den Abt, dass er beide Pole des Menschseins zulässt: die Güte und die Strenge. Und dass er ein Gespür dafür hat, was gerade jetzt in diesem Augenblick dran ist. Der Abt trägt in sich verschiedene Bilder. Je nach Situation soll das angemessene Bild verwirklicht werden. Er ist der Meister, der zeigt, wo es langgeht. Er ist der Vater, der den Mönchen den Rücken stärkt und ihnen Vertrauen schenkt, damit sie innerlich wachsen. Aber er ist auch der Lehrer, der zurechtweist und zugleich ermutigt. Und er ist sogar einer, der strafen muss, wenn es angemessen ist.

Aber *discretio* ist noch mehr: nämlich die Kunst, sich dem Einzelnen anzupassen und zu erkennen, was er braucht. Benedikt ermahnt den Abt: »Er muss wissen, welch schwierige und mühevolle Aufgabe er auf sich nimmt: Menschen zu führen und der Eigenart vieler zu dienen. Muss er doch dem einen mit gewinnenden, dem anderen mit tadelnden, dem dritten mit überzeugenden Worten begegnen. Nach der Eigenart und Fassungskraft jedes Einzelnen soll er sich auf alle einstellen und auf sie eingehen.« (RB 2,31f.) Ohne *discretio* gibt es keine gute Führung. *Discretio* ist die Haltung innerer Aufmerksamkeit und Achtsamkeit. Ich achte genau auf das, was dem einzelnen Menschen guttut, was er braucht, damit er ohne Murren sein Leben und seine Arbeitssituation bejahen kann. Um gut führen zu können, muss der Abt auch gerecht sein. Doch eine Gerechtigkeit ohne *discretio* wird leicht zur Gleichmacherei. *Discretio* ist die Kunst, jedem Einzelnen gerecht zu werden. Und wenn ich jedem gerecht werde, dann fühlen sich alle gerecht behandelt. Sie vergleichen sich dann nicht mit den anderen. Sie sagen Ja zu ihrem Leben, weil die Führungskraft sie in ihrer Eigenart wahrnimmt.

Das Wichtige vom Unwichtigen trennen

In Gesprächen beklagen sich Menschen oft darüber, dass sie zu viel zu tun haben. Wenn ich dann nachfrage, was das alles ist, dann merke ich: Sie haben keine Unterscheidungsgabe, was wirklich wichtig ist. Sie sind zwar immer beschäftigt, aber oft mit banalen Dingen. Da wäre die *discretio* als die Tugend hilfreich, das Wichtige vom Unwichtigen zu trennen. Wichtig ist das, was Gewicht hat, was etwas wert ist. Die Frage ist, worauf wir Gewicht legen. Was ist uns wichtig? Bei welchen Dingen lohnt es sich, Gewicht in die Waagschale zu legen?

Vielen Menschen ist das Gespür verloren gegangen, das Wichtige vom Unwichtigen zu trennen. Sie leben einfach dahin, tun das, was gerade auf sie zukommt. Und sie meinen, alles sei gleich wichtig. Aber in Wirklichkeit ist alles gleich bedeutungslos. Sie urteilen nicht, sie lassen sich einfach von den Dingen bestimmen, die von ihnen erwartet werden. Doch wenn wir so orientierungslos leben, dann werden wir immer das Gefühl haben, überfordert zu sein. Es stürmt täglich so vieles auf uns ein. Wenn wir alles unterscheidungslos übernehmen, dann erdrückt es uns. Dann bekommt es zu viel Gewicht für uns, ohne dass es wichtig ist.

Das Wichtige vom Unwichtigen zu trennen wäre auch eine Aufgabe von Führungskräften. Oft hat sich in einer Firma eine ganz bestimmte Art zu arbeiten eingeschlichen. Man macht sich gar keine Gedanken darüber, ob sie wirklich sinnvoll ist. Gedankenlos geht alles den gewohnten Gang. Doch *discretio* hat immer auch mit Denken zu tun. In vielen Firmen erlebe ich, dass immer weniger Mitarbeitern immer mehr aufgebürdet wird. Das ist phantasielos und lässt die *discretio* vermissen. *Discretio* verlangt, dass sich die Führungskräfte hinsetzen und alle Arbeiten analysieren. Sind sie tatsächlich alle wichtig? Womit wird nur Zeit vergeudet? Das muss in Ruhe bedacht werden.

Besinnung auf das Wesentliche

Es gibt junge Menschen, die haben 1000 Facebook-Freunde. Doch mit 1000 Freunden kann ich gar nicht kommunizieren, nicht einmal virtuell. Da ersetzt die Menge die Qualität der Beziehung. Die wirkliche Beziehung geht verloren. Der Begriff Freund trifft nicht wirklich für all die Facebook-Freunde zu. Denn mit einem Freund will ich Zeit verbringen. Ich will seine Nähe spüren, mit ihm ein Gespräch führen. Das virtuelle Gespräch ist kein wirkliches Gespräch. Denn Gespräch kommt von Sprechen. Und Sprechen kommt von »bersten«. Beim Sprechen tue ich mit meiner Stimme meine Emotionen kund. Ich zeige mein Herz. In den geschriebenen Worten kann der andere mein Herz kaum spüren. Das gelingt erst im wirklichen Gespräch und in der Begegnung mit dem andern.

Um das Wesentliche zu entdecken, benötige ich die *discretio*, die Gabe zu unterscheiden, was ich wirklich brauche und worauf ich getrost verzichten kann. Vielen geht diese Fähigkeit der Unterscheidung ab. Sie lassen alles auf sich einströmen, was gerade von außen kommt. Aber ich muss nicht alles wissen. Ich muss nicht alle Informationen, die im Internet gespeichert sind, abrufen. Vor lauter Informationen schütte ich meinen Geist zu und vermag nicht mehr selbständig zu denken und eigene Ideen zu entwickeln.

Doch ich brauche die Gabe der *discretio* nicht nur im Hinblick auf die Informationen, sondern auch im Hinblick auf das Wesentliche meines Menschseins. Viele machen sich keine Gedanken, was ihr Wesen ausmacht, wer sie als Mensch sind und welche Spur sie in diese Welt eingraben möchten. Angelus Silesius, der schlesische Dichter, mahnt solche Menschen: »Mensch, werde wesentlich! Denn wenn die Welt vergeht, So fällt der Zufall weg, das Wesen, das besteht.« Wesentlich werden, das bedeutet, mit seinem inneren Wesen in Einklang zu kommen. Es heißt, von allem Oberflächlichen in die eigene Tiefe gelangen, vom äußeren Schein zum wahren Sein zu gehen. Viele Menschen verlieren sich in ihrer Maßlosigkeit, weil sie sich zu wenig Gedanken über ihr Wesen machen. Wenn ich erkenne, was ich als Mensch sein und wie ich leben will, dann kann ich mich auf das Wesentliche konzentrieren. Dann werde ich nicht planlos und maßlos meine Ressourcen vergeuden. Das Wesen entspricht dem wahren Selbst des Menschen. Wer mit seinem Selbst in Berührung ist, mit dem einmaligen Bild, das Gott sich von ihm gemacht hat, der lebt im Einklang mit sich selbst. Er muss nicht von einem zum andern hetzen. Er ruht in seiner Mitte, in seinem Wesen. Das Wesen bleibt.

Was ist das Wesentliche? Das deutsche Wort »Wesen« kommt vom mittelhochdeutschen »wesen«, das »sein, sich aufhalten, dauern, geschehen« bedeutet. Das Wesen ist das eigentliche Sein, das, was wahrhaft ist, was wichtig ist, was bleibt, was Dauer hat. Meister Eckehart liebt diesen Begriff des Wesens. Es meint »genau das, was an einem Ding bleibt und nicht anders werden kann, was ihm unabtrennbar gehört und es zu dem macht, ›was es ist‹.«* Das Wesen ist das, was unser Leben eigentlich ausmacht, worum es in unserem Leben eigentlich geht. Man könnte es auch mit dem ursprünglichen Sinn unseres Lebens vergleichen. In jedem Fall konzentriert das Wesen unser Leben auf seinen eigentlichen Kern.

Unsere Aufgabe besteht heute darin, das Wesentliche vom Unwesentlichen zu trennen. Viele leben einfach in den Tag hinein. Sie wissen gar nicht, was sie eigentlich wollen. Sich auf das Wesentliche zu konzentrieren, bedeutet daher, sich zu fragen: Was will ich mit meinem Leben machen? Was ist das Ziel meines Lebens? Wenn ich mir diese Fragen stelle, dann fallen viele belanglose Dinge weg. Sie werden unwichtig.

Das erfahren viele Menschen nach einem Trauerfall. Sie merken, wie leer Gespräche oder Beschäftigungen oft sind, wie oft sie sich um Nichtigkeiten gesorgt haben. Durch den Tod eines lieben Menschen werden die

---

* Hedwig, S. 1112 f.

Dinge relativiert und man wird auf das Wesentliche gestoßen. Eine Frau, die einen spirituellen Weg geht, erzählte mir, dass ihre Freundinnen ihr vorwerfen, sie sei so anders geworden. Man könne sich mit ihr gar nicht mehr unterhalten. Doch sie hat einfach keine Lust, ständig nur über die letzten Sendungen im Fernsehen oder über die neueste Mode zu sprechen. Die andern werfen ihr das Anderssein vor, weil sie in ihrer Oberflächlichkeit nicht gestört oder in Frage gestellt werden wollen.

Pascal Bruckner zitiert Augustinus, der einmal sagte, das Leben sei »ein Kampf zwischen dem Wesentlichen und einem Sturm von frivolen Gedanken«. Bruckner interpretiert diesen Satz für uns heute auf neue Weise: »Wir schlagen das Wesentliche im Namen des Bedeutungslosen nieder und nehmen das Bedeutungslose sehr wichtig.«*

In den Medien wird so viel Wert gelegt auf das Wertlose. Da gibt es ständig Unterhaltungssendungen, die inhaltlich völlig banal sind. Talkshows, in denen man das Bedeutungslose wichtig nimmt. Es geht darin nicht um das Wesentliche, sondern darum, dass man möglichst lange reden kann. Viele Menschen haben diese Wichtigtuerei um das Bedeutungslose satt. Sie sehnen sich wieder danach, dass es auch im Fernsehen um wesentliche Themen geht, um Themen, die das Wesen

---
* Bruckner, S. 64

betreffen, die aufzeigen, wie das Leben heute gelingen kann.

Achtsamkeit und Aufmerksamkeit

Geistliches Leben drückt sich – so sagen es uns heute viele spirituelle Autoren, ganz gleich welcher Religion oder Kultur sie angehören – in Achtsamkeit und Aufmerksamkeit aus. Ich bin achtsam in jedem Augenblick. Ich nehme die Zeit wahr. Ich achte auf das, was ich gerade berühre und in die Hand nehme. Ich nehme achtsam meinen Schlüssel in die Hand, drücke achtsam die Türklinke. Jede Handlung verrichte ich in Achtsamkeit. Ich putze achtsam meine Zähne, bin ganz in dem, was ich da gerade tue. Ich bin ganz beim Duschen, nehme achtsam wahr, was da geschieht, dass nicht nur mein Körper, sondern auch meine Seele gereinigt wird, dass alles abfließen kann, was mich belastet, dass ich wie neugeboren aus der Dusche steige. Achtsamkeit hat immer auch mit Askese zu tun. Ich kann nicht tausend Dinge nebeneinander machen. Ich konzentriere mich auf das eine, das ich gerade tue. Aber das tue ich ganz intensiv. Achtsamkeit intensiviert das Leben. Das einfache Leben wird zu einem bewussten Erleben all dessen, was ich gerade tue, berühre, rieche, schmecke, esse, trinke, wahrnehme.

Wer achtsam lebt, der lebt in Beziehung mit sich selbst, mit der Schöpfung, mit Gott und mit den Menschen. Die eigentliche Krankheit unserer Zeit ist die Beziehungslosigkeit. Weil die Menschen den Bezug zu sich und zur Schöpfung verloren haben, schlittern sie von einer Beziehung zur andern, nur um sich überhaupt spüren zu können. Wenn wir aber die Beziehung zu einem Menschen brauchen, um mit uns selbst in Beziehung zu kommen, dann benutzen wir einen Menschen, dann beuten wir ihn aus und überfordern ihn mit unserer Beziehungslosigkeit. Und weil viele nicht mehr in Beziehung zu den Dingen sind, gehen sie brutal mit ihnen um. Sie benutzen sie nur für die eigenen Zwecke, sie zerstören sie. Diese Beziehungslosigkeit beobachten wir heute bei vielen jungen Menschen. Die Lehrer in den Schulen können ein Lied davon singen, wie achtlos die Schüler mit der Einrichtung der Klassenzimmer umgehen. Das ist nicht Bosheit, sondern Ausdruck ihrer Beziehungslosigkeit.

Die Beziehungslosigkeit führt noch zu einem anderen heute weit verbreiteten Phänomen: zur Ruhelosigkeit. Weil man nicht in Beziehung ist mit sich selbst, weil man nicht im Augenblick lebt, braucht man immer größere Anreize, um sich überhaupt noch zu spüren. Man muss dann möglichst weit weg in Urlaub fahren, möglichst riskante Sportarten treiben, um überhaupt Leben zu erfahren. Wer mit sich in Beziehung ist, der spürt bei einem einfachen Waldspaziergang intensiv das Leben. Er ist in Beziehung zur Natur, er riecht den spezifischen Duft des Holzes, des Waldbodens, der Blumen. Er hört die Vögel zwitschern und die vielen Insekten herumschwirren. Er atmet das Leben ein und hat darin alles, wonach er sich sehnt. Er lebt in Beziehung zu den Bäumen, spricht mit ihnen, spürt ihre Ausstrahlung. Er fühlt sich als Teil der Schöpfung, geborgen, getragen, wertvoll, lebendig.

Die Kunst des geistlichen Lebens besteht darin, den Weg der Achtsamkeit zu gehen, um ein Gespür zu entwickeln für Gott. Achtsam sein heißt: aufmerken auf das, was ist. Das deutsche Wort »acht« heißt von seiner indogermanischen Wurzel »ok« her: »nachdenken, überlegen«. Ich mache mir bewusst, was ist. Ich lebe nicht in den Tag hinein, sondern denke über das nach, was ich tue, was mir begegnet. Achtsam sein heißt auch: aufwachen, die Wirklichkeit so sehen, wie sie ist.

Geistliches Leben heißt Aufwachen vom Schlaf. Der indische Jesuit de Mello sagt, viele Menschen würden schlafen. Er meint damit, dass sie sich Illusionen über sich und ihr Leben machen und glauben, es bestünde nur aus Arbeit, aus Beziehungen, aus Erfolg und Misserfolg, aus Wohlbefinden, aus gesichertem Dasein. Mystik ist für de Mello keine Flucht vor der Wirklichkeit, sondern ein Aufwachen zur Wirklichkeit. Die eigentliche Wirklichkeit ist Gott. Der Mensch lebt daher nur dann seinem Wesen entsprechend, wenn er aufwacht zu Gott hin, wenn er die Wirklichkeit Gottes und seine eigene Wirklichkeit ernst nimmt und sie mit wachen Augen anschaut. Die Achtsamkeit wird bei Benedikt immer wieder mit dem Wort *custodire* ausgedrückt. *Custodire* heißt: achtgeben, wachen, bewusst wahrnehmen. Im 4. Kapitel fordert Benedikt die Mönche auf, jederzeit das eigene Tun und Lassen zu überwachen. (RB 4,48) Sie sollen achtsam sein in ihrem Handeln und sich nicht einfach treiben lassen. Genauso achtsam soll der Mönch auch mit seiner Zunge umgehen: »Seine Zunge vor schlechten und unanständigen Reden hüten.« (RB 4,51) Das Schweigen ist eine Einübung in die Wachsamkeit. Daher beginnt Benedikt das Kapitel über das Schweigen: »Wir wollen tun, was der Prophet sagt: Ich sagte: Ich will auf meine Wege achten (*custodire*), damit ich nicht sündige mit meiner Zunge. Ich stellte an meinen Mund eine Wache (*custodiam*).« (RB 6,1)

Das Bild des Wächters war im Mönchtum beliebt. Evagrius gebraucht das Bild des Türhüters, der jeden Gedanken untersucht, der in das Haus des Geistes eintreten möchte, und ihn befragt, ob er zum Hausherrn gehört oder ob er ein Eindringling ist, der sich unberechtigterweise einschleichen möchte. Der Türhüter weist alle unpassenden Gedanken ab, damit wir wirklich Herr in unserem Hause bleiben, damit wir es selbst bewohnen und damit Gott in unserem Hause wohnen mag. *Custodire* heißt nicht kontrollieren, sondern wach sein, achtsam und aufmerksam leben, um den gegenwärtigen Gott wissen, um das Geheimnis Gottes, das uns in allem entgegenleuchtet. Der Mönch soll seine Gedanken und Gefühle nicht mit Gewalt kontrollieren. Denn dann werden sie ihm todsicher außer Kontrolle geraten. Aber er soll vor dem Haus seines Herzens wachen und genau darauf achten, welche Gedanken eingelassen werden wollen, ob sie ihm guttun oder nicht. Und er soll darauf achten, auf welche Energie ihn seine Gedanken und Gefühle hinweisen wollen, was in ihm zum Leben kommen möchte.

Der Weg der Achtsamkeit führt uns zu einer Haltung der inneren Freiheit. In der Begleitung beobachte ich immer wieder Menschen, die geistliches Leben vor allem als Leistung missverstehen. Sie meinen, sie müssten vor Gott etwas leisten und möglichst viele fromme Übungen machen, viel beten und dadurch alle ihre Fehler mehr und mehr besiegen. Ein so verstandenes geistliches Leben ist sehr anstrengend. Und viele fühlen sich schnell überfordert. Spiritualität als Achtsamkeit will uns nicht überfordern, sie will uns vielmehr die Kunst lehren, intensiv zu leben, sie will uns zur »Lust am Leben« einladen. Wer ganz im Augenblick lebt, der kann ihn verkosten, genießen, für den wird die Erfahrung Gottes zugleich zur Erfahrung des vollen Lebens, des Lebens in Fülle. Wer dagegen sein geistliches Leben vor allem als Leistung versteht, die er vor Gott und vor sich und seinem schlechten Gewissen vollbringen muss, für den wird seine Frömmigkeit oft genug zur Verhinderung von Leben. Er lebt nicht wirklich, sondern er flüchtet sich in sein religiöses Tun wie in einen Lebensersatz. So bekommt er weder Geschmack an Gott noch an sich und seinem Leben. Für Benedikt geht es darum, in der Schule des Herrn die Lust am Leben zu lernen. Christus selbst ruft uns zu: »Wer hat Lust am Leben?« Und Benedikt sagt von dieser uns zum Leben einladenden Stimme Christi: »Was könnte angenehmer klingen, liebe Brüder, als diese Stimme des Herrn, der uns einlädt? Seht, in seiner Güte zeigt uns der Herr den Weg zum Leben.« (RB Prol., 19 f.)

Doch Achtsamkeit ist nicht nur der Weg des Mönches. Es täte auch uns heute gut, achtsam zu leben und nicht achtlos an der Wirklichkeit vorbeizugehen, nicht achtlos den Müll wegzuwerfen, nicht achtlos an den Menschen vorbeizusehen, denen wir begegnen. Wenn ich Achtsamkeit für den heutigen Menschen beschreiben soll, dann ist mir der Zusammenhang von Achtsamkeit und Freiheit wichtig.

Achtsamkeit und Freiheit gehören zusammen. Wer achtsam lebt, wer wach ist, der ist auch frei, der lässt sich nicht von andern bestimmen. Und zur Achtsamkeit gehört auch das Einssein. Wenn ich achtsam bin in dem, was ich tue, bin ich auch eins mit mir selbst. Freiheit und Einssein, das sind die beiden wichtigsten Ziele eines achtsamen Lebens. Das sind auch die beiden tiefsten Sehnsüchte des Menschen, auf die Benedikt mit seiner Regel eine Antwort geben möchte. Der Mönch soll aufwachen aus dem Schlaf der Unfreiheit, um wach und achtsam zu leben. Und er soll heimkehren aus der Zerstreuung und Entfremdung zu Gott, bei dem er wahrhaft daheim sein kann, bei dem er erst ganz zu dem werden kann, der er von Gott her ist. Er soll eins werden mit sich selbst, mit seinem wahren Wesen, und zugleich auch eins werden mit Gott, mit den Menschen und mit der Schöpfung. Die Aufmerksamkeit und Achtsamkeit beschreiben die Kunst, im Augenblick zu sein, eins zu sein mit dem, was man gerade tut, mit dem, was man gerade berührt, womit man umgeht.

Diese Sehnsucht nach Einssein war vor allem für die Griechen charakteristisch. Die Griechen erlebten die Not des Menschen in der Zerrissenheit, im Hin- und Hergezerrtwerden zwischen den verschiedenen Bedürfnissen und Emotionen. Der Mensch hat viele Wünsche und Gedanken in sich, die oft beziehungslos nebeneinanderliegen. Er kann sie nicht zusammenbinden. So fühlt er sich zerrissen, zerteilt, gespalten. Das ist nicht nur die Erfahrung der Griechen, sondern auch die Erfahrung des heutigen Menschen. In seiner Zerrissenheit zerreißt er auch die Welt um sich herum. Die Heilung der Zerrissenheit des einzelnen Menschen heilt auch seine Beziehung zur Welt. Der Weg aus der Zerrissenheit ist der Weg der Achtsamkeit. Er besteht darin, ganz im Augenblick zu sein, ganz in der Gebärde zu sein, ganz im Atem, ganz in den Sinnen. Wenn ich ganz in meinem Leib bin und so durch die Natur gehe, dann fühle ich mich mit allem eins, mit der Schöpfung und darin mit Gott und mit allen Menschen, die Teil dieser wunderbaren und geheimnisvollen Schöpfung sind. In der Achtsamkeit geht es darum, alles Widerstreitende in mir und um mich herum zu verbinden. Die Achtsamkeit ist der Weg, auf dem ich die Einheit von Vergangenheit, Gegenwart und Zukunft, von Gott und Mensch und von Mensch und Schöpfung erfahren kann. Die Achtsamkeit ist die Kunst der reinen Präsenz. Wenn ich ganz gegenwärtig bin, ganz im Augenblick, dann bin ich mit allem eins. Dann wird der achtsame Umgang mit der Schöpfung Ausdruck meiner Erfahrung, der Erfahrung des ganz und gar Gegenwärtigseins.

Demut als eine Form des Mutes

Das rechte Maß verlangt, dass wir in guter Beziehung sind zu uns selbst und zu den Dingen dieser Welt. Nur wer in Beziehung ist zu den Dingen, wird gut mit ihnen umgehen. Rein rational kann man den guten Umgang nicht fordern. Dann würde es zu sehr von unserem Willen abhängen, wie wir uns verhalten. Es braucht aber eine innere Haltung, um das äußere Verhalten zu verändern. Und diese innere Haltung ist die Demut. Demut ist heute kein Begriff, den die Menschen schätzen. Doch Demut ist nichts anderes als der Mut zur Wahrheit und der Mut, zu sich selbst und zu den Dingen in Beziehung zu treten. Im Lateinischen heißt Demut *humilitas*. *Humilitas* kommt von *humus* = Erde. Demut ist also der Mut zu seiner eigenen Erdhaftigkeit zu stehen, der Mut hinabzusteigen in die Tiefen der Seele, in die eigene Wahrheit. Demut ist der Mut, mit beiden Füßen auf der Erde zu stehen, nicht abzuheben. Wenn ich mit beiden Füßen auf der Erde stehe, spüre ich, dass ich selbst von der Erde genommen bin, zur Erde gehöre. Dann werde ich achtsam mit dieser Erde umgehen. Ich verstehe mich als jemanden, der genau wie die Erde der Pflege bedarf. So ist die Demut die Bedingung, gut mit mir selbst umzugehen, achtsam zu sein mit mir selbst.

Für den Schweizer Psychologen C. G. Jung ist die Demut eine wichtige Haltung des reifen Menschen. Demut heißt für ihn, die eigenen Schattenseiten in sich anzuschauen und in sein Leben zu integrieren. Wer sich ehrlich selbst erkennt, der wird demütig. Er weiß, dass er nicht nur ideale Seiten in sich hat, sondern auch weniger ideale, dass er nicht nur freundlich ist, sondern auch aggressiv, nicht nur ehrlich, sondern auch unehrlich. Demut ist für C. G. Jung der Mut zur eigenen Wahrheit. Dieser Mut führt zur inneren Gelassenheit. Ich habe keine Angst vor meinen Schattenseiten. Ich brauche keine Energie, um sie mühsam zu verstecken. Ich kann zu mir stehen, so wie ich bin.

Viele Menschen verbrauchen zu viel Energie, um ihre Fassade aufrechtzuerhalten. Alles, was dieser blendenden Fassade widerspricht, versuchen sie zu verdrängen oder zumindest vor anderen zu verstecken. Eine Frau sagte mir: »Ich kann nicht in die Stille gehen. Da geht ein Vulkan in mir hoch.« Wenn ich mit diesem Bild lebe, verbrauche ich viel Energie, um den Vulkan ständig unter Verschluss zu halten. Und lebe dennoch in der Angst, dass er trotz aller Anstrengung einmal hochgehen könnte. Demut ist der Mut, alles, was da in mir ist, anzunehmen: Das gehört auch zu mir. Wenn ich es annehme, verliert es an Gefährlichkeit. Die Demut nimmt mir die Angst vor dem Vulkan, der in mir ist. Alles, was in mir ist, darf sein. Ich vertraue darauf, dass Gottes Liebe in alles dringt, was in mir ist. Das ist ja das Wesen des christlichen Glaubens, dass Gott in Jesus hinabgestiegen ist in die Tiefen der Erde, damit ich selber den Mut finde, in mich und in das Schattenreich meiner Seele hinabzusteigen und darauf zu vertrauen, dass alles von Jesus berührt und verwandelt wird.

Dieses Hinabsteigen in die Tiefen der eigenen Seele

meint Jesus, wenn er sagt: »Wer sich selbst erhöht, wird erniedrigt, wer sich aber selbst erniedrigt, wird erhöht werden.« (Lk 18,14) Es geht nicht darum, sich selber kleinzumachen, sondern um eine ehrliche Selbsterkenntnis und zugleich um den Respekt vor den andern. Ich stelle mich nicht über die anderen. Für C. G. Jung ist die Demut die Bedingung, nie einsam zu sein. Denn wenn ich demütig bin, dann erkenne ich in jedem Menschen neben mir einen, der mir etwas zu sagen hat. Ich achte den andern. Wer sich ständig über die andern stellt, der wird einsam. Und er wird unfähig zu wirklichen Beziehungen. Denn wenn er immer nur seine Großtaten verkündet, wird er nie wirkliche Freunde haben. Freundschaft verlangt, dass man als der, der man ist, dem andern begegnet.

In diesem Sinn versteht auch die spanische Mystikerin Teresa von Avila die Demut. Für sie ist Demut »Wandeln in der Wahrheit«. Damit meint sie mehr als Ehrlichkeit gegenüber anderen Menschen. Sie versteht darunter vielmehr, dass ich meine Wahrheit als Mensch erkenne und lebe. Zu dieser Wahrheit gehört, dass ich Geschöpf bin, von der Erde genommen, vergänglich und begrenzt. Demut drückt sich aus in der Ehrfurcht vor der Schöpfung, in der Achtung der Natur. Und sie drückt sich aus, indem ich jeden Menschen in seiner Begrenztheit achte und ehre.

Der hl. Benedikt fordert eine demütige Haltung in

erster Linie vom Cellerar, dem wirtschaftlichen Leiter des Klosters, und von den Handwerkern. Im Kapitel über den Cellerar heißt es: »Vor allem habe er Demut.« (RB 31,13) Benedikt weiß, dass die Macht, die der Cellerar mit seiner Verantwortung für das Geld hat, ihn leicht dazu verführen kann, sich über die andern zu stellen und den Sinn für die Realität zu verlieren. Demut ist die Haltung, mit den andern gemeinsam und auf gleicher Augenhöhe den Weg zu gehen, anstatt sich von ihnen zu distanzieren. Was Benedikt vom Cellerar schreibt, das sollten heute die Menschen beherzigen, die Macht haben. Das gilt für den Vater, der meint, die Familie hänge von seinem Geld ab und müsse sich daher nach ihm richten. Das gilt für den Unternehmenschef, der seinen Mitarbeitern vermittelt, dass er das Sagen hat, und der auf sie herabschaut. Und das gilt für die vielen Showmaster, die sich über die Menschen stellen und meinen, alle Gäste in ihrer Show sollten nur der eigenen Grandiosität dienen.

Im Kapitel über die Handwerker heißt es: »Sind Handwerker im Kloster, können sie in aller Demut ihre Tätigkeit ausüben, wenn der Abt es erlaubt. Wird aber einer von ihnen überheblich, weil er sich auf sein berufliches Können etwas einbildet und meint, er bringe dem Kloster etwas ein, werde ihm seine Arbeit abgenommen.« (RB 57,1-3) Das klingt sehr hart. Doch Demut bedeutet für den Handwerker, dass er in Berührung ist mit dem, was er tut, und mit den Dingen, die er schafft.

Die Gefahr heutigen Wirtschaftens ist, dass wir uns über die Dinge erheben, dass wir das, was wir produzieren, nur benutzen, um Geld zu verdienen oder uns selbst darzustellen. Wir lassen uns nicht mehr ein auf die Dinge, die wir hervorbringen. Die amerikanische Pharmaindustrie gibt heute mehr Geld für Marketing aus als für Forschung. Das zeigt, dass sie gar nicht in Beziehung ist zu ihren Produkten. Es kommt nur darauf an, die Produkte gut zu präsentieren. Diese mangelnde Beziehung zu den Dingen führt dazu, dass die Dinge nicht mehr aus sich heraus überzeugen, sondern nur, wenn man für sie wirbt. Das gilt heute leider oft auch für Bücher. Nicht die Qualität des Buches garantiert einen guten Verkauf, sondern die Werbung. Und oft genug sind es dann Skandale, die auf das Buch aufmerksam machen. Demut würde heißen, sich Mühe zu geben beim Schreiben und beim Lesen und nicht einfach den Marktschreiern nachzulaufen.

Die mangelnde Demut und Achtung in Bezug auf die Dinge ist ein Kennzeichen der Wegwerfgesellschaft. Die Menschen sind nicht mehr in Berührung mit den Dingen, die sie oder andere geschaffen haben. Doch dieser Umgang macht alles wertlos. Die Dinge dienen nur dem schnellen Gebrauch und dem schnellen Verdienst. Zur Demut gehört auch sachgerechtes Arbeiten. Man merkt es einem Tisch an, ob er von einem Schreiner mit Liebe gefertigt wurde oder ob er nur schnell fabriziert wurde, um kurzzeitig seinen Zweck zu erfüllen. Viele Handwerker haben dieses Gespür für die Dinge, die sie fertigen. Sie sind in Beziehung zu ihnen. Sie arbeiten nachhaltig, denn das, was sie fertigen, ist etwas Wertvolles, das man nicht einfach gedankenlos wegwirft. Wir spüren das in unserem Kloster, wenn wir die alten Möbel betrachten, die unser Schreiner vor 50 Jahren gefertigt hat. Es tut einem weh, wenn man einen Schrank entsorgen muss, weil er dem Stil der übrigen Einrichtung nicht mehr entspricht. Und man überlegt es sich dreimal, ob das wirklich zu vertreten ist. Die Demut verbeugt sich nicht nur vor den Menschen, sondern auch vor den Dingen. Sie hat Ehrfurcht vor ihnen. Demut ist der Mut zur Erdhaftigkeit, zur Bodenhaftung. Wenn ich demütig mit den Dingen umgehe, dann achte ich sie, dann spüre ich ihren Wert.

Heute werden Computer und andere Geräte so hergestellt, dass eine Verfallszeit eingebaut ist. Nach fünf Jahren haben sich die wesentlichen Teile abgenutzt, man soll das Gerät wegwerfen und ein neues kaufen. Zudem seien die neuen Geräte besser und billiger. Doch das ist ein Trugschluss. Ich benutze in meinem Büro den Schreibtisch, den mein Vorgänger in der Verwaltung von unserer eigenen Schreinerei fertigen ließ. Der Schreibtisch ist über 60 Jahre alt. Er ist immer noch gut.

Und er dient immer noch meinen Zwecken. Wenn ich eine Beziehung habe zum alten Schreibtisch, dann gehe ich auch achtsam mit ihm um. Ich sehe die Arbeit, die darin steckt, die Liebe, mit der er gemacht worden ist.

Ich kenne in der Wirtschaft viele Manager, die sofort, nachdem sie in eine Führungsposition gelangen, zuerst einmal das Büro neu einrichten. Die alten Möbel werden weggeworfen. Das ist meist eine Energieverschwendung und eine Vergeudung von Ressourcen, denn man könnte sie auch auffrischen. Außerdem kann man die alten Möbel ja nicht einfach verbrennen. Sie sind mit so viel Lack oder anderen Kunststoffen vermischt, dass sie teuer entsorgt werden müssen.

Als Cellerar habe ich viele Sitzungen mit unseren Handwerkern abgehalten. Da war immer die Diskussion: Stellen wir die Möbel selber her oder kaufen wir sie billiger in einem Mitnahmemöbelhaus ein? Natürlich haben die selbst hergestellten Möbel ihren Preis. Aber wenn sie gut durchdacht und sorgfältig gearbeitet worden sind, dann halten sie auch länger. Ihre Anschaffung ist letztlich billiger, als wenn man alle fünf oder zehn Jahre neue Möbel kaufen würde. Genau das ist nachhaltiges Wirtschaften.

Ich erschrecke oft, wie wenig die Leute in Beziehung sind zu den Dingen. Plötzlich passen sie nicht mehr. Man möchte, dass alles in neuem Glanz eingerichtet wird. Es braucht eine andere Haltung den Dingen gegenüber, eine Haltung der Demut, die sich hinabbeugt zu den Dingen, die die Dinge wahrnimmt in dem, was sie sind. Ohne die Haltung der Demut ist ein achtsames und nachhaltiges Wirtschaften nicht möglich. Nicht nur die reinen Kosten zählen. Man muss eine nachhaltige Kostenrechnung aufstellen, die über kurzfristige Einsparungen hinausdenkt.

So ist der für viele altmodische Begriff der Demut gerade heute für unseren Umgang mit den Dingen wichtig. Wenn wir demütiger wären und achtsamer gegenüber dem, was wir selbst schaffen, würden wir der maßlosen Verschwendung entgehen.

Was der Mensch braucht

Auf dem Hintergrund der Gedanken des hl. Benedikt über das rechte Maß möchte ich einige Punkte ansprechen, die mir einfallen, wenn ich an den heutigen Menschen denke. Als Mönch lebe ich nicht für mich allein und auch nicht abgeschirmt in meiner Klostergemeinschaft. Ich frage mich immer auch, was mein Leben für die Menschen in der Welt bedeuten könnte und welche Botschaft wir Mönche für die Welt haben. Dabei möchte ich uns nicht als Besserwisser hinstellen, die genau wissen, was die Welt braucht. In unserem Zusammenleben vergehen uns allzu hohe Ideale. Da ist vor allem die Demut gefragt. Denn im Miteinander erleben wir unsere Schwächen und unsere Begrenztheit. Und wir erfahren, dass wir selbst keine großen Ideale leben können. Schon Benedikt ist da bescheiden, wenn er von der Gemeinschaft spricht. Er rechnet damit, dass sie mit täglichen Konflikten zu tun hat. Aber trotzdem ist er überzeugt, dass er mit seiner Regel den Mönchen etwas zu sagen hat und dass die Mönche mit ihrem Leben auch ein Segen sein können für die Welt. In diesem Sinn möchte ich einige Erfahrungen aus unserem gemeinsamen Leben für das Leben in der Welt fruchtbar machen, indem ich frage: Was braucht der Mensch? Und was braucht er gerade heute?

Besinnung auf das Geheimnis unseres Menschseins

Wir sind heute mit so viel Oberflächlichem beschäftigt. Das beginnt bei den Informationen, mit denen wir förmlich überschüttet werden. Die Kommunikation ist auf Flüchtigkeit ausgelegt und verhindert wirkliche Begegnungen und Gespräche. Der Gehirnforscher Manfred Spitzer spricht von »digitaler Demenz«. Vor lauter Informationen vergisst man das Wesentliche. Man tauscht sich ständig virtuell und digital aus, aber alles bleibt an der Oberfläche. Man verliert die Aufmerksamkeit und wird unfähig, sich auf einen Text einzulassen und ihn zu verstehen. Es entsteht kein Gespräch, weil man ständig mit andern mailt oder twittert.

Aber auch unsere Gespräche drehen sich oft um Unwesentliches. Ein Soldat, der in Afghanistan war, erzählte mir, bei seiner Rückkehr konnte er mit seinen Freunden und Freundinnen nicht über seine Erfahrungen sprechen. Die waren nur mit oberflächlichen Themen beschäftigt, in denen es um die neuen Angebote im Supermarkt ging, um Kleidung, die gerade in ist, um die aktuellen Kinofilme. Er war enttäuscht, dass er sich mit seinen Freunden nicht über das Wesentliche im Leben unterhalten konnte. In Afghanistan war er mit dem Tod konfrontiert gewesen. Da haben sich seine Maßstäbe verrückt. Aber wie wir angesichts des Todes leben können, das interessierte die Freunde nicht. Sie wollten nicht in die Tiefe gehen.

Eine ähnliche Erfahrung machen Trauernde, die erzählen, dass ihre Freunde die Straßenseite wechseln, weil sie mit ihrer Trauer nichts zu tun haben wollen. In manchen Kreisen dürfen sie nicht von dem verstorbenen Kind oder dem verstorbenen Ehegatten sprechen. Denn dadurch wird der Small Talk gestört. Die Oberflächlichkeit wird angekratzt. Man spürt, dass dahinter eine große Angst steckt, mit dem Eigentlichen des Lebens konfrontiert zu werden.

Der Gegensatz zur Oberflächlichkeit ist die Tiefe. Einerseits sehnen sich viele Menschen heute nach Tiefe. Das oberflächliche Gerede ödet sie an. Doch wenn sie sich der eigenen Tiefe stellen, dann entdecken sie in sich nicht nur angenehme Dinge. Das versuchen sie zu vermeiden. Sie wollen Gefühle wie Angst und Schmerz, Trauer und Depression nicht anschauen. Sie drücken sie mit Medikamenten weg. So bleiben sie immer an der Oberfläche. Und letztlich wird ihr Leben leer.

Das Leben ist ein Geheimnis. Und jeder Mensch ist ein Geheimnis. Ich ärgere mich darüber, dass dies in manchen Ratgeberbüchern völlig übersehen wird. Da werden Ratschläge erteilt, wie man das Leben in den Griff bekommt, wie alles gelingen kann. Doch diese Ratschläge bleiben an der Oberfläche. Sie lassen die Tiefe des Menschseins vermissen. Und sie achten nicht das Geheimnis, das jeder einzelne Mensch darstellt. Für mich geht der Weg nicht über billige Ratschläge, wie ich mit allen Sorgen und Problemen umgehen kann und so auf schnellem Weg zu meinem Glück gelange. Vielmehr geht es mir darum, alles, was ich erlebe und was ich an Gefühlen in mir wahrnehme, zuzulassen und anzuschauen. Ich schaue meine Angst, meine Eifersucht, meinen Neid, meine Maßlosigkeit, meine Traurigkeit an und gehe durch all diese Emotionen hindurch in den Grund meiner Seele. Dort gelange ich in den inneren Raum der Stille. Dort bin ich ganz ich selbst. Dort komme ich mit dem einmaligen Bild in Berührung, das Gott sich von mir gemacht hat.

Aber dieses Bild kann ich nicht mehr beschreiben. Es bleibt ein Geheimnis. Ich komme mit dem Geheimnis meines wahren Selbst in Berührung. Und ich erahne, dass auf dem Grund meiner Seele auch das Geheimnis wohnt, das Gott für mich ist. Andere mögen es mit anderen Worten bezeichnen. Aber entscheidend ist, dass ich in mir nicht alles erklären und an die Oberfläche ziehen kann. Wenn ich in meine eigene Tiefe gelange, dann berühre ich das Geheimnis in mir. Und ich achte dieses Geheimnis. Nur dort, wo das Geheimnis in mir wohnt, kann ich bei mir daheim sein. Und wenn ich bei mir daheim bin, dann brauche ich nicht maßlose Anstrengungen zu unternehmen, um mich wohlzufühlen. Wenn ich bei mir daheim bin, dann bin ich im Einklang mit mir selbst. Ich komme innerlich zur Ruhe. In diesem Augenblick ist Maßlosigkeit kein Thema mehr für mich, denn ich spüre das Eigentliche. Und wenn ich mit dem Eigentlichen in Berührung bin, dann finde ich auch das richtige Maß für mich. Ich höre auf, mich mit andern zu vergleichen. Ich höre auf, die innere Leere mit immer mehr äußeren Dingen wie Geld, Reichtum, Ansehen, Anerkennung, Erfolg und Ruhm zuzuschütten. Ich bin im Frieden und daher auch im rechten Maß.

Sich der Arbeit hingeben

Ähnlich wie das Wort Geheimnis ist auch das Wort Hingabe heute nicht sehr modern. Aber für mich steckt in diesen alten Wörtern viel Weisheit gerade auch für uns heutige Menschen. Für mich ist der Mangel an Hingabefähigkeit die Ursache dafür, dass viele Menschen sich nicht mehr auf die Arbeit einlassen oder sich einer Sache verschreiben können.

Lehrer beklagen, dass sich die Schüler und Schülerinnen kaum mehr auf den Unterricht konzentrieren können. Sie sind es vom Handy und vom Fernseher gewohnt, von einem Programm zum andern zu zappen, von einer Information zur andern überzugehen, im Internet zu surfen und alles Mögliche sich anzuschauen. Aber ihr Handeln ist nicht zielgerichtet. So tun sie sich schwer, bei einer Sache zu bleiben. Da lässt schnell ihre Konzentration nach. Woher kommt die Unfähigkeit, bei einer Sache zu bleiben? Für mich ist es die mangelnde Hingabe. Wir schauen die Dinge nur von der Oberfläche her an. Aber wir lassen uns nicht wirklich auf etwas ein, weder auf einen Menschen, der uns etwas von sich und seiner Not erzählt, noch auf die Arbeit, die wir gerade verrichten. In der Schule führt diese mangelnde Hingabe dazu, dass sich die Schüler für die Dinge, die der Lehrer erzählt, gar nicht interessieren. Es interessieren nur die Noten.

Hingabe hat immer mit Begeisterung zu tun. Wenn ich von einer Sache begeistert bin, gebe ich mich ihr ganz hin. Und dann macht es auch Spaß, die Sache anzuschauen, mit ihr umzugehen, an ihr und mit ihr zu arbeiten. Die Schüler, die sich nicht auf die Sache einlassen und sich ihr nicht hingeben können, haben wenig Energie. Sie fühlen sich schnell müde oder gelangweilt. Manche Lehrer versuchen dann, mit möglichst interessanten Medienspektakeln die Aufmerksamkeit der Schüler auf sich zu ziehen. Doch der Aufwand ist oft teuer erkauft. Bald fühlen sich die Lehrer ausgebrannt, weil sie sich so maßlos anstrengen müssen. Es wäre eine wichtige Aufgabe, wieder die Hingabefähigkeit zu fördern. Hingabe hat aber auch mit Loslassen und Einlassen zu tun. Ich kann mich nur ganz auf einen Menschen oder auf eine Sache einlassen, wenn ich mein eigenes Ego loslasse. Das Ego hat immer Bedürfnisse. Es kreist immer um sich selbst. Wenn ich aus dem Ego heraus lebe, kann ich nur das tun, was mich gerade interessiert. Aber sobald das Interesse nachlässt, muss ich zum Nächsten übergehen. Die Unfähigkeit, bei einer Sache zu bleiben, ist letztlich identisch mit der Unfähigkeit, ganz im Augenblick zu bleiben. Ich bin innerlich unruhig, ich kann mich auf nichts einlassen, weil ich immer nur um meine eigenen Bedürfnisse kreise. Ich frage mich immer: Macht mir das jetzt Spaß? Und keine Arbeit macht von sich aus nur Spaß. Ob sie Spaß macht oder nicht, liegt nicht an der Arbeit, sondern an mir und meiner Einstellung. Aber manche erwarten, dass der Spaß von außen kommt. Die Unfähigkeit, bei einer Sache zu bleiben, offenbart daher den Verlust der eigenen Mitte. Man ist bei sich selbst nicht zu Hause. Man braucht ständige Abwechslung. Und nichts geschieht dann richtig.

Hinter dieser Unfähigkeit, sich auf jemanden oder etwas einzulassen und sich hinzugeben, steckt letztlich die Angst, zu kurz zu kommen. Es könnte etwas anderes geben, das jetzt interessanter wäre. Und das versäume ich. Aber vor lauter Angst, etwas zu versäumen, versäume ich das Leben. Weil ich mich auf nichts wirklich einlassen kann, kann ich an keiner Arbeit wirklich Gefallen finden. Ich bin immer auf der Flucht vor mir selbst. Erst wenn ich nicht ständig frage, was mir das alles bringt, wenn ich mich vielmehr auf eine Sache, auf eine Person, auf ein Projekt einlasse, weil ich glaube, jetzt für diese Person, für dieses Projekt ein Segen sein zu können, wenn ich frei von eigenen Bedürfnissen werde und offen für das, was der andere oder das andere gerade braucht, kann ich zu mir finden.

Die eigenen Bedürfnisse nicht an den Bedürfnissen anderer messen

Viele vergleichen sich ständig mit andern. Sie vergleichen ihren Beruf mit dem des Nachbarn, ihr Einkommen mit dem ihrer Freunde. Sobald sie in einer Gruppe sind, vergleichen sie sich mit andern: Sehe ich besser aus als der andere? Bin ich selbstbewusster als der oder die? Bin ich erfolgreicher, spiritueller, intelligenter als die andern? Sie sind nicht bei sich selbst. Sie definieren sich nur aus dem Vergleich mit andern. So sind sie nie zufrieden und dankbar für das, was sie sind und was sie haben. Sie vergleichen die Kleidung, die sie tragen, mit der ihrer

Bekannten. Sie schauen, was die anderen alles brauchen. Und sobald sie bei ihnen ein neues I-Pod sehen, müssen sie es auch haben. Sie wollen nicht zurückbleiben. Doch dieses Sichvergleichen macht unfrei. Man kann sich an dem, was man hat, gar nicht freuen. Man schielt ständig zu den andern, was die haben. Und dann muss man es auch haben, auch wenn der Geldbeutel es nicht hergibt. Der hl. Benedikt kennt dieses Schauen auf die anderen aus seiner Klostergemeinschaft. In einer Gemeinschaft vergleichen sich die Brüder oft miteinander. Sie achten genau darauf, ob der Abt alle gleich behandelt oder ob einer eher seine Wünsche erfüllt bekommt. Dieses Vergleichen geschieht in Firmen genauso. Man beobachtet genau, wie der Chef die Einzelnen behandelt. Manche zählen die Minuten, die er mit einem Mitarbeiter spricht. Und fühlen sich dann zurückgesetzt. Kinder vergleichen sich mit ihren Geschwistern und sie schauen genau hin, wie viel Zuwendung sie jeweils von den Eltern bekommen, wo der Bruder oder die Schwester bevorzugt wird, wo die Eltern ihnen großzügiger etwas erlauben. Und beim Essen vergleichen sie, wer das größere Stück Torte bekommt. Dieses ständige Sichvergleichen prägt oft die Mahlzeiten in einer Familie. Benedikt weiß um diese Tendenz der menschlichen Seele. So schreibt er im 34. Kapitel: »Man halte sich an das Wort der Schrift: ›Jedem wurde so viel zugeteilt, wie er nötig hatte.‹ Damit sagen wir nicht, dass jemand wegen seines Ansehens bevorzugt werden soll, was ferne sei. Wohl aber nehme man Rücksicht auf Schwächen. Wer weniger braucht, danke Gott und sei nicht traurig. Wer mehr braucht, werde demütig wegen seiner Schwäche und nicht überheblich wegen der ihm erwiesenen Barmherzigkeit. So werden alle Glieder der Gemeinschaft in Frieden sein.« (RB 34,1-5)

Die Bedürfnisse und Schwächen der Einzelnen sollen berücksichtigt werden. Die Schwachen brauchen mehr Zuwendung und manchmal auch mehr Geld oder mehr Nahrung oder Kleidung. Die Starken sollen sich darüber nicht aufregen und meinen, sie müssten genauso viel bekommen wie die Schwachen. Die Stärke soll sich gerade darin zeigen, dass sie mit dem zufrieden sind, was sie haben, dass sie froh sind, nicht so viel zu brauchen wie die anderen. Die Starken sollen sich nicht über die andern erheben, sich nicht besser, asketischer und reifer fühlen als sie. Sie sollen vielmehr Gott danken und nicht traurig sein. Aber auch die Schwachen, die mehr bekommen, dürfen sich nicht über die Starken erheben und über sie spotten, weil sie weniger erhalten. Jeder soll bei sich selbst bleiben und sein Maß bedenken und akzeptieren. Sobald er sich mit andern vergleicht, wird er unzufrieden sein.

Der richtige Umgang mit den Bedürfnissen ist die Voraussetzung dafür, dass eine Gemeinschaft in Frieden leben kann. Da braucht es eine innere Freiheit den

Bedürfnissen gegenüber. Ich soll sie mir eingestehen. Das verlangt Demut. Ich darf nicht darauf pochen, dass sie alle erfüllt werden müssen. Vielmehr soll ich auch fähig sein, auf Bedürfnisse zu verzichten. Gerade darin zeigt sich für Benedikt die menschliche Stärke. Allerdings verlangt dieser Verzicht auch den Verzicht auf das Vergleichen mit den andern. Sigmund Freud meint: Wer nie verzichten kann, kann auch kein starkes Ich entwickeln. So ist der königliche Weg zum Frieden in der Gemeinschaft, aber auch zum Frieden des Einzelnen, dass ich meine Bedürfnisse eingestehe, dass ich es mir gönne, Bedürfnisse zu befriedigen, dass ich aber zugleich auch danach streben soll, auf die Erfüllung der Bedürfnisse zu verzichten. Beides gehört zusammen: Verzichten und Genießen. Wer nicht verzichten kann, kann auch nicht genießen. Nur wer vorher verzichtet hat, kann später genießen.

Diese Weisheit hat die Kirche dazu geführt, vor große Feste Zeiten des Wartens und des Verzichtens zu setzen: vor das Weihnachtsfest die Adventszeit und vor das Osterfest die Fastenzeit. Doch heute tun sich Menschen schwer damit zu warten. Sie machen aus der Zeit des Wartens im Advent schon eine vorgezogene Weihnachtszeit. Das führt dazu, dass Weihnachten nicht mehr richtig gefeiert werden kann. Und sie machen aus der Fastenzeit eine Starkbierzeit und überspringen damit die Zeit des Verzichtens.

Wir brauchen nur in die Zeitung zu sehen. Da begegnen wir auf Schritt und Tritt dem Vergleich. Gruppen, die sich benachteiligt fühlen, stellen sich sofort als Opfer dar. Bruckner spricht von der Seuche der *victimology*, sich immer und überall als Opfer zu verstehen und mit juristischen Mitteln sein Recht einzufordern. Und er zitiert John Taylor: »Man braucht nur zu behaupten, man habe ein bestimmtes Recht, und zu beweisen, dass man seiner beraubt ist, schon hat man den Status des Opfers.«[*] Viele übernehmen heute nicht die Verantwortung für ihr Leben, sondern vergleichen ihren Lebensstandard mit dem Lebensstandard anderer und fühlen sich benachteiligt. Sie sind die »Opfer« und fordern vom Staat Gerechtigkeit. Doch in Wirklichkeit ist nicht jeder, der weniger verdient als ein Hochschulprofessor, gleich Opfer der ungerechten Bildungspolitik. Das Sichvergleichen führt zu einer Opferhaltung. Sobald man sich im Vergleich mit andern benachteiligt fühlt, bemüht man einen Anwalt, um seine Rechte durchzukämpfen, auch wenn sie noch so lächerlich erscheinen.

Was Benedikt für seine Gemeinschaft als Weg zum Frieden beschrieben hat, das wäre auch für unsere Gesellschaft ein gangbarer Weg. Heute meinen viele, die ein Bedürfnis haben, sie hätten auch ein Recht darauf. Ein Recht auf einen Fernseher, auf einen Kühlschrank,

---

[*] Bruckner, S. 137

auf ein Auto, auf einen bestimmten Lebensstandard. Sie vergleichen sich mit andern und meinen, sie hätten das Recht, genauso viel Geld zur Verfügung zu haben wie ihr Nachbar. Doch damit werden nur Neid und Unzufriedenheit genährt. Bei sich bleiben und dankbar das annehmen, was man ist und was man hat, das wäre ein Weg zum inneren Frieden. Diese innere Haltung ist die Bedingung dafür, nie maßlos zu werden.

Was macht mich reich?

Auf der letzten Seite der ZEIT gibt es die Rubrik »Was mein Leben reicher macht«. Dort berichten Leser von scheinbar banalen Dingen, die jedoch für sie persönlich einen hohen ideellen Wert haben. Oder sie schreiben Erlebnisse auf, von denen sie heute noch zehren. Die Erinnerungen sind oft ein Schatz, den wir in uns tragen und der uns reich macht.

In einer Zeitschrift für junge Menschen wurden die Jugendlichen nicht danach gefragt, was sie reich macht, sondern was ihnen heilig ist. Aber die Antworten waren ähnlich. Heilig ist das, was mir kostbar ist. Aber zugleich ist heilig in der ursprünglichen Wortherkunft das, was der Welt entzogen ist. Es ist also etwas, das nicht durch den äußeren Wert von Bedeutung ist, sondern weil es mir persönlich heilig ist, weil es in mein Leben etwas hineinbringt, das mir niemand rauben kann. Und das Heilige ist immer auch das, was eine besondere Kraft in sich hat. Mit dem Heiligen gehe ich immer achtsam und ehrfürchtig um. Ich möchte es nicht verlieren. Es bringt mich in Berührung mit meinem wahren Selbst.

Die beiden Aussagen »Was mich reich macht« und »Was mir heilig ist« gehören zusammen. Das deutsche Wort »reich« bedeutet ursprünglich: König, Herrscher. Reich meint also: fürstlich, königlich, von vornehmer Abstammung. Es bezieht sich nicht auf die vielen, sondern auf die königlichen Güter, auf das, was den König auszeichnet. Es ist etwas Besonderes, etwas Wertvolles. Und somit steht es dem Heiligen nahe. Das Heilige ist das, was Gott gehört, was dem Zugriff der Menschen entzogen ist. Das Heilige ist immer das besonders Wertvolle, das durch kein Geld gekauft werden kann, weil es in sich einen unantastbaren Wert hat.

Das Streben nach Besitz gehört wesentlich zum Menschen. Doch zugleich kann Besitz den Menschen auch besessen machen. Dessen Gedanken kreisen dann nur noch um Reichtum. Die Sehnsucht, die letztlich im Streben nach Besitz steckt, ist die Sehnsucht, in Ruhe leben zu können. Man muss sich keine Sorgen mehr machen, wenn man genügend hat und für die Zukunft abgesichert ist. Doch oft mehren sich auch die Sorgen, wenn man äußerlich reich geworden ist. Man muss seinen Reichtum sichern, vor neidischen Menschen verbergen.

Der Reichtum birgt immer die Gefahr, die eigene Leere damit ausfüllen zu wollen. Dann hat man nie genug. Dann ist die innere Leere ein Fass ohne Boden. Man kann noch so viel Geld hineinschütten. Das Fass wird niemals voll. Auf diese Weise schneidet uns der Reichtum von unserem Herzen und von unserer Seele ab. Eine Frau erzählte mir von ihrem Mann, der wirtschaftlich sehr erfolgreich ist. Doch sie kann nicht mehr richtig mit ihm sprechen, weil er immer nur von Geld und Macht redet. Sie kommt an sein Herz nicht heran. Es ist zugeschüttet vom vielen Geld.

Jesus übernimmt die Sehnsucht, die im Streben nach Reichtum steckt. Aber er verlagert den Reichtum nach innen: »Sammelt euch nicht Schätze hier auf der Erde, wo Motte und Wurm sie zerstören und wo Diebe einbrechen und sie stehlen, sondern sammelt euch Schätze im Himmel, wo weder Motte noch Wurm sie zerstören und keine Diebe einbrechen und sie stehlen. Denn wo dein Schatz ist, da ist auch dein Herz.« (Mt 6,19-21) Der Reichtum, den wir hier sammeln, ist immer vergänglich. Er kann durch äußere Umstände sich auflösen oder aber er kann uns von andern genommen werden: durch Diebe, durch eine Finanzkrise, durch betrügerische Finanzberater usw. Wir sollen den Reichtum innen sammeln. Dieser innere Reichtum ist der Reichtum der Seele. Wenn ich in mich hineinschaue, dann erkenne ich in meiner Seele eine Quelle von Liebe, die nie versiegt.

Ich erkenne eine Quelle von Kreativität, die mich innerlich bereichert. Und ich entdecke in mir eine Quelle der Freude und des Friedens, die mich beglückt. Jesus erzählt uns zwei kleine Gleichnisse, um uns den wahren Reichtum zu zeigen. Ein Mann entdeckt einen Schatz im Acker und verkauft alles, was er besitzt, um den Acker zu kaufen. Und ein Kaufmann findet eine besonders wertvolle Perle und verkauft alles, um diese Perle zu kaufen. (Vgl. Mt 13,44-46) Der wahre Schatz liegt im Acker unserer Seele. Wir finden ihn nur, wenn wir uns durch die Erde hindurchwühlen. Wir sollen hinabsteigen in unsere eigene Erdhaftigkeit. Das meint die Demut, die *humilitas*. Den Schatz findet nur der, der durch seine eigene Dunkelheit, durch seinen Schmutz hindurchgeht. Die Perle wächst in den Wunden der Auster. Wir entdecken die kostbare Perle in uns nur dann, wenn wir uns den eigenen Wunden stellen. Die Wunden brechen uns auf. Sie zwingen uns, nach innen zu gehen und dort auf dem Grund der Seele die kostbare Perle zu finden.

Was uns wahrhaft reich macht, das ist also unsere Menschlichkeit, die immer beides beinhaltet: unsere Stärken und unsere Schwächen, das Heile und das Verwundete, das Glänzende und das Schmutzige in uns. Beides gilt es anzunehmen. Dann entdecken wir in uns den inneren Reichtum, den uns niemand nehmen kann.

Er ist in uns angelegt in der unantastbaren Würde, die Gott jedem von uns verliehen hat. Er ist aber auch angewachsen durch unsere Lebensgeschichte. Unsere Geschichte mit allen Erlebnissen, mit den Erfahrungen von Freude und Leid, von Gelingen und Misslingen, lässt unseren Reichtum in unserer Seele wachsen. Wir haben einen Schatz von Erfahrungen und Erinnerungen, den wir in uns hüten. Und diesen Schatz dürfen wir betrachten, ohne Angst, dass er uns geraubt wird. Auch der Tod wird uns diesen inneren Schatz nicht zerstören, sondern für immer in die Ewigkeit hineinretten und bewahren.

Die Sehnsucht nach Besitz und Reichtum steht daher letztlich für die Sehnsucht nach Ruhe und innerem Frieden. Es ist die Sehnsucht, ohne Sorgen leben zu können. Doch der äußere Reichtum kann diese Sehnsucht nach Ruhe nicht erfüllen. Wir kommen erst dann zur Ruhe, wenn wir uns selbst aushalten, wenn wir gerne bei uns selbst bleiben. Wir bleiben aber nur dann gerne bei uns, wir ruhen uns nur dann gerne bei uns aus, wenn wir in uns etwas Kostbares, etwas Heiliges haben, das uns berührt und beruhigt. Wenn wir in der Ruhe nichts anderem als unserer Lebensgeschichte mit ihren Brüchen und ihrer Brüchigkeit begegnen, können wir es nicht bei uns aushalten. Wir laufen vor uns davon. Nur weil in uns ein innerer Reichtum ist, etwas Königliches und Herrschaftliches, können wir gut bei uns bleiben. Und nur weil das Heilige in uns ist, das der Welt entzogen ist, kommen wir in uns zur Ruhe. Denn das Heilige kann nicht von der Unruhe dieser Welt gestört werden. Es ist ein heiliger Raum in uns, in dem wir selbst heil und ganz sind, im Einklang mit uns. In diesem Raum – so sagt es uns die Bibel – treten wir ein in die Sabbatruhe Gottes. Von ihr erzählt uns die Bibel in der Schöpfungsgeschichte: »Am siebten Tag vollendete Gott das Werk, das er geschaffen hatte, und er ruhte am siebten Tag, nachdem er sein ganzes Werk vollbracht hatte. Und Gott segnete den siebten Tag und erklärte ihn für heilig; denn an ihm ruhte Gott.« (Gen 2,2 f.) Wir kommen zur Ruhe am heiligen Tag, an dem Tag, der der Leistungseffizienz entzogen ist, der Gott gehört und daher ganz uns selbst.

In sich ruhen, sich nicht treiben lassen

Wir bewundern einen Menschen, der in sich ruht. Wir möchten auch gerne in uns ruhen und uns von den Wechselfällen des Lebens nicht aus der Ruhe bringen lassen. Wir möchten in uns selbst Ruhe finden, ohne ständig auf die Menschen und ihre Zustimmung oder Ablehnung achten zu müssen. Wir wollen innerlich unabhängig sein von der Meinung der Menschen. Wir wollen uns nicht von den Menschen und ihren Erwartungen in eine Richtung treiben lassen, in die wir gar nicht gehen möchten. Doch vielen fällt es schwer, diese innere Ruhe zu finden, denn sie haben in ihrer Kindheit ständig die Frage gehört: Was sagen die Leute, wenn du so angezogen bist, wenn du dich so verhältst? Diese Menschen tun sich auch heute schwer, bei sich zu sein und zu bleiben. Sie sind immer schon bei den andern und bei den Gedanken, die die andern eventuell haben könnten. Eine junge Frau kam nicht zur Ruhe. Für sie war es schon eine Belastung in ein Geschäft zu gehen. Ständig fragte sie sich: Was denken die Verkäuferinnen von mir? Was sagen sie über meine Kinder? Bin ich in ihren Augen eine schlechte Mutter? Diese Fixierung auf die Gedanken, die sich andere über sie und ihre Kinder machen könnten, ließ sie nicht zur Ruhe kommen.

Andere haben ein schlechtes Gewissen, wenn sie sich Ruhe gönnen. Ich kenne Frauen und Männer, die auf einem Bauernhof aufgewachsen sind. Wenn sie sich als Kinder Ruhe gönnten, dann kam oft die Mutter und sagte: Habt ihr nichts zu tun? Es gibt hier so viel zu tun. Macht das oder jenes. In manchen Bauernhöfen hatte man kein Gespür für Ruhe. Man sollte immer irgendwo anpacken und mit dazu beitragen, dass der Alltag reibungslos funktioniert. Menschen, die so aufgewachsen sind, fällt es auch später nicht leicht, die Ruhe zu genießen. Da ertönt in ihrem Inneren eine Stimme: »Was denken die andern, wenn ich mir am helllichten Tag einen Spaziergang gönne? Die werden denken, dass ich nichts zu tun habe.« Für manche käme es einer Verurteilung gleich, wenn jemand sagen würde: »Du scheinst gar nichts zu tun zu haben.« Um einer solchen Verurteilung zu entgehen, tun sie immer etwas, sind immer in Bewegung und erwecken so zumindest den Anschein, etwas Wichtiges erledigen zu müssen.

Viele sehnen sich danach, zu innerer Ruhe zu gelangen, frei zu werden von dem, was andere über sie denken. Die Frage ist, wie das geht. Mir selbst hat eine Stelle aus dem Evangelium geholfen. Jesus verheißt uns dort, dass er uns Ruhe verschaffen wird. Und er zeigt uns einen Weg, wie wir sie finden können: »Nehmt mein Joch auf euch und lernt von mir; denn ich bin sanftmütig und von Herzen demütig, so werdet ihr Ruhe finden für eure Seele. Denn mein Joch drückt nicht, und meine Last ist leicht.« (Mt 11,29 f.) Wir haben uns oft selbst ein Joch auferlegt, das uns drückt und unruhig macht. Es ist der ständige Druck, dem wir uns aussetzen. Wir meinen noch mehr leisten zu müssen, alles perfekt machen zu müssen, immer alles sofort erledigen zu müssen. Wir nehmen uns in die Pflicht, jeden Tag so und so viel zu laufen, dies oder jenes für unsere Gesundheit zu tun. Wir wollen uns selbst oder andern Menschen ständig beweisen, dass wir alles richtig machen. Oder andere Menschen haben uns ihr Joch auferlegt, das uns die

Ruhe raubt. Sie wollen immer mehr von uns. Sie haben Erwartungen, die wir nicht erfüllen können. Und doch setzen wir uns unter Druck, es zu schaffen. So kommen wir nie zur Ruhe. Das Joch, das Jesus uns auferlegt, ist leicht. Es drückt nicht. Es ist seine heilende und helfende Hand, die uns vermittelt: Ich nehme dich an, wie du bist. Du bist geschützt von Gott. Du stehst unter der Gnade Gottes. Gott will dich aufrichten, dich in die innere Freiheit führen.

Es sind zwei Haltungen, die wir von Jesus lernen können, um Ruhe zu finden. Die erste Haltung ist die Sanftmut. Das deutsche Wort »sanft« kommt von »sammeln«. Sanftmütig bin ich also dann, wenn ich den Mut habe, alles, was in mir ist, zu sammeln. Alles gehört zu meinem Leben: Erfolge und Misserfolge, das Gute, das ich getan habe, aber auch meine Schuld, meine Gefühle und mein Verstand. Es gibt so viele Menschen, die etwas in sich verdrängen, weil sie denken: Das gehört nicht zu mir, das darf nicht sein, das dürfen die Leute nicht sehen. Doch je mehr sie von sich verbergen müssen, desto mehr stehen sie unter Druck. Sie haben Angst, die andern könnten doch hinter die Fassade schauen. Wir treffen manchmal auf Menschen, die bei uns den Eindruck hinterlassen, als seien wir nur ihrem Kopf oder ihrer Rolle oder ihrer Schauseite begegnet, nicht aber ihnen als Mensch. Wir haben dann ein Gefühl von Fremde und wir spüren: Da findet keine wirkliche Begegnung statt. Es sind immer Menschen, die nicht sanftmütig sind, die nicht den Mut haben, alles in sich zu sammeln. Wenn ich alles sammle, was in mir ist und was in meiner Lebensgeschichte geschehen ist, dann finde ich wirklich Ruhe. Dann muss ich nicht ängstlich verbergen, was in mir ist. Nur mit gesammelten Menschen ist eine Begegnung möglich.

Die zweite Haltung ist die Demut. Darüber haben wir schon gesprochen. Es ist der Mut, in die eigene Tiefe hineinzugehen. Alles in mir darf sein. Denn überallhin dringt das Licht Gottes. Alles ist von Gottes Liebe durchdrungen. Die Demut führt zur Gelassenheit. Ich habe den Mut, mich zu lassen, wie ich bin. Ich stehe nicht ständig unter dem Druck, mich ändern zu müssen. Ich darf einfach ich sein. Und ich vertraue darauf, dass Gott aus dem, was in mir ist, den Baum erblühen lässt, der meinem Wesen entspricht. Der Baum kann nur wachsen, wenn man ihn stehen lässt. Wer ihn ständig bearbeitet und verpflanzt, der wird keine Frucht aus ihm hervorlocken. Er braucht die Ruhe des Bleibens, damit er wachsen kann. Und so brauchen auch wir die Ruhe der Sanftmut und der Demut, damit wir in aller Ruhe zu dem werden können, wer wir sind. Ruhe ist dabei nicht eine königlich-bayrische Bierruhe, die sich von nichts verunsichern oder stören lassen will. Es ist vielmehr die Ruhe, die uns zu denen werden lässt, die wir von Gott her gemeint sind. Es ist eine bewegte Ruhe.

Wenn wir diese bewegte Ruhe in uns haben, dann lassen wir uns nicht von außen treiben. Dann sind wir frei von den ständigen Antreibern, die uns an diesen oder jenen Ort scheuchen wollen. Diese Antreiber können in uns selbst sein – in Form einer inneren Stimme, die uns einflüstert: »Sei perfekt – beeil dich – streng dich an – mach es mir recht – sei stark!« Wir treiben uns selber ständig an und sind nie zufrieden mit uns. Die bewegte Ruhe dagegen treibt uns nicht an, sie bewegt uns innerlich. Wir gehen in aller Ruhe unseren Weg.

Und es gibt die äußeren Antreiber. Die Israeliten erlebten in Ägypten die Fronvögte, die sie ständig zur Arbeit antrieben, die immer höhere Leistungen von ihnen wollten. In manchen Firmen verstehen sich die Führungskräfte als Antreiber. Sie kennen oft kein Maß. Sie meinen, jedes Jahr müssten die Mitarbeiter noch mehr leisten. Sie sind nicht bereit, die Grenze des Einzelnen zu akzeptieren. Unser Maß ist begrenzt. Wir können nicht maßlos in unserer Leistungsfähigkeit wachsen. Wir sollen das Joch abschütteln, das andere uns auferlegen, und uns von Jesus das Joch auflegen lassen, das nicht drückt, sondern uns Ruhe verschafft. In der Antike unterschied man den humanen Herrn vom inhumanen Tyrannen darin, welches Joch er den Menschen auferlegte. Der humane Herr legte ein Joch auf, das zur Ruhe führte. Der inhumane Tyrann zwang ein Joch auf, das ständig weitertrieb.

Wer zur Ruhe gekommen ist, der wird sich nicht mehr von andern antreiben lassen. Er wird aus der inneren Ruhe heraus das Tempo finden, das ihm guttut. Er gibt sich selbst das Tempo vor. Und in diesem Tempo arbeitet er meistens effektiver als die Menschen, die ständig Hektik um sich verbreiten. Hektik ist meist ziellos. Paulus spricht von Menschen, die viel Staub aufwirbeln, aber letztlich ziellos herumlaufen. Und er grenzt sich von ihnen ab: »Darum laufe ich nicht wie einer, der ziellos läuft, und kämpfe mit der Faust nicht wie einer, der in die Luft schlägt.« (1 Kor 9,26) Viele laufen mit, aber sie laufen wie im Hamsterrad. Sie kommen nicht voran. Es geht immer im Kreis herum. Ich kann nur meinen Weg finden und auf ihm so laufen, dass ich ans Ziel komme, wenn ich auch den Mut habe, mich von den andern Läufern zu distanzieren. Ich soll nicht einfach mit den andern mitlaufen, wenn ich mich nicht vorher hingesetzt habe, um über das Ziel nachzudenken. Die Ruhe, in der ich über meinen Weg und mein Ziel nachdenke, macht mein Laufen effektiver.

Viele Menschen tun sich schwer damit, Nein zu sagen. Sie haben Angst, dann nicht mehr so beliebt zu sein. Sie denken: Hauptsache, ich gehöre dazu. Ich laufe mit den andern mit, auch wenn es völlig sinnlos ist. Sie haben Angst vor dem Alleinsein, Angst vor ihrer Verantwortung für sich selbst. Doch ohne Neinsagen werden wir nie unser Maß finden. Wenn ich jede Bitte erfülle aus Angst, der andere könnte mich sonst ablehnen, dann lade ich mir immer mehr Arbeit auf. Und irgendwann geht mir das Maß verloren. Nein zu sagen bedeutet: Mut zu meiner Grenze zu haben. Dann achte ich auch die Grenze des andern. Oft sind es Menschen, die sich selbst nicht abgrenzen können, die dann auch den andern zu viel aufbürden. Es braucht den Mut, Nein zu sagen, um in unserer Arbeit, aber auch in unserem Engagement in der Freizeit das richtige Maß zu finden. Wenn ich ständig über mein Maß hinaus Ja sage, sobald ich angefragt werde, werde ich irgendwann einmal bitter. Ich fühle mich ausgenutzt. Dann wächst Groll in mir. Und dieser Groll lähmt meine Kraft. Ich werde energielos. Und so entsteht ein Teufelskreis von Überforderung.

Nein sagen ist nicht nur für mich heilsam, sondern auch für den, der mich um etwas bittet. Denn es gibt Menschen, die maßlose Wünsche an mich haben. Sie kennen keine Grenze. Es ist meine Verantwortung, ihnen die Grenze aufzuzeigen. Sonst würden sie immer noch mehr von mir wollen. Und gar nicht merken, dass sie ihr eigenes Maß überschritten haben. Nein sagen bringt Klarheit in die Beziehungen. Wenn ich auf die Bitte eines andern hin Nein sage, dann lehne ich ihn damit nicht ab. Ich traue ihm zu, dass er meine Grenze akzeptiert. Allerdings erlebe ich immer wieder auch Menschen, die meine Grenzen nicht achten. Auch wenn ich klar Nein sage, versuchen sie es immer wieder, mir ein schlechtes Gewissen zu machen oder mir die Wichtigkeit darzulegen, warum ich in diesem einen Fall doch noch Ja sagen sollte. Doch es ist dann meine Verantwortung, klar bei meinem Nein zu bleiben.

Auf dem Teppich bleiben

Im Deutschen kennen wir die Redensart: »Bleib mal auf dem Teppich!« Wir meinen damit zweierlei: Der andere soll die Situation angemessen beurteilen, anstatt aus einer Mücke einen Elefanten zu machen. Er soll etwas nicht aufbauschen oder dramatisieren. Er soll die Dinge so sehen, wie sie sind. Und dazu ist es nötig, dass er auf dem Teppich bleibt. Das meint: Er soll mit beiden Füßen auf dem Boden stehen. Das ist letztlich das, was die Tugend der Demut meint: auf der Erde stehen, Bodenkontakt haben, sich nicht in realitätsferne Gedanken flüchten. Dann kann man die Dinge auch angemessen beurteilen.

Die andere Bedeutung: Wir sollen nicht abheben. Es gibt Menschen, die meinen, dass sie etwas Besonderes sind, die Weltmeister in diesem Fach, sobald ihnen etwas gelungen ist. Auch da sagen wir: Bleib mal auf dem Teppich. Heb nicht gleich ab. Es ist schön, dass du Erfolg gehabt hast. Aber es gibt auch andere Menschen, die das ähnlich gut können. Sei dankbar, aber hör auf, dich in den Himmel zu loben. Andere heben nicht nur mit Worten ab, sondern auch in ihrer Haltung und Einstellung. Sie verlieren den Bodenkontakt. Sie wollen immer höher hinaus. Doch dann stürzen sie irgendwann einmal schmerzlich ab. Schon die Griechen kannten diese Tendenz und beschrieben sie im Mythos von Ikarus. Ikarus war der Sohn des Daidalus, eines berühmten Architekten. Der war vom König von Kreta angestellt. Er wurde gut bezahlt, aber er durfte seinen Palast nie verlassen. Daidalus konstruierte nun Flügel aus Federn und Wachs und schnallte sie sich und seinem Sohn Ikarus um. Zusammen stellten sie sich auf die Zinnen des Palastes und flogen davon. Ikarus war so fasziniert vom Fliegen, dass er immer höher flog. Sein Vater warnte ihn, er solle der Sonne nicht zu nahe kommen, sonst würde das Wachs seiner Flügel schmelzen. Doch Ikarus hörte nicht auf ihn. Es kam wie vorhergesagt, und er stürzte ins Meer. Manch einer ist von seiner Karriereleiter abgestürzt, weil er seine Grenze nicht erkannt hat. Andere haben irgendwelche Methoden der Intelligenzsteigerung ausprobiert, weil sie ihr eigenes Maß nicht annehmen wollten. Auch sie haben sich übernommen. Sie sind nicht auf dem Teppich geblieben. Wenn wir unser Maß verlieren, heben wir gerne ab.

Das gilt auch für das spirituelle Leben. Auch da gibt es Himmelsstürmer, die immer höher hinauswollen, die sich an hohen Idealen orientieren und meinen, sie wären ihnen schon ganz nahe. Sie flüchten vor ihrer eigenen Durchschnittlichkeit und Banalität in wunderbare spirituelle Ideen hinein. Doch sie verlieren den Kontakt zu sich selbst. Sie meinen, sie seien rein spirituelle Wesen und schon eins mit dem Göttlichen. Daher seien für sie die Beziehungen zu ganz normalen Menschen nicht so wichtig. Doch irgendwann spüren sie, dass sie doch auch menschliche Bedürfnisse nach Begegnung, nach Beziehung, nach Wärme und Zärtlichkeit haben. Sich dann von seinen Illusionen zu verabschieden, das tut weh. So, als würde man von einem hohen Podest herunterfallen.

Gut ist besser als perfekt

Viele leiden unter einem Perfektionszwang. Sie wollen alles perfekt machen. Und sie wollen perfekt sein. Das Wort »perfekt« kommt vom Lateinischen *perficere*, etwas fertig machen, zustande bringen. Wenn wir von »Perfektsein« sprechen, meinen wir, ohne Fehler zu sein, vollkommen zu sein. Wir sind fertig geworden, ans Ziel gekommen mit unserer Entwicklung. Alles in uns ist fehlerlos. Wenn wir perfekt sein wollen, übersteigen wir unser Maß. Denn als Mensch bleiben wir immer unvollendet, immer auf dem Weg. Es kann immer noch etwas in uns wachsen.

Die Sehnsucht, perfekt zu sein, hat meist damit zu

tun, dass wir um jeden Preis vermeiden wollen, einen Fehler zu machen, für den uns dann andere kritisieren. Oft hängt der Perfektionismus mit der Angst zusammen, von andern abgelehnt zu werden, nicht für gut genug befunden zu werden. In Gesprächen sagen mir Menschen immer wieder: »Das Grundgefühl in meiner Kindheit war, nicht zu genügen.« Dieses Grundgefühl ist unangenehm. Um ihm zu entrinnen, versucht man, perfekt zu sein und sich keine Blöße zu geben. Doch die Erfahrung zeigt, dass wir nicht perfekt sein können, dass uns immer wieder Fehler passieren. So lebt der Perfektionist immer in der Angst, seinen eigenen Anspruch nicht erfüllen zu können. Letztlich ist es die Angst vor der eigenen Wertlosigkeit. Weil man sich im Grunde wertlos fühlt, muss man sich anstrengen, muss man nach außen hin alles perfekt machen, um sich selber und den andern zu beweisen, dass man gut und wertvoll ist. Doch der Perfektionist ist nie zufrieden. Er findet nie zu dem Selbstwertgefühl, das er durch seinen Perfektionismus erreichen möchte. Und er findet auch nie die Wertschätzung von außen, nach der er sich so sehr sehnt.

Der Perfektionismus kann sich auf vieles beziehen. Auf das äußere Erscheinungsbild, das keinen Makel aufweisen soll. Oder auf eine sportliche Betätigung. Entweder vermeidet der Perfektionist sie ganz, da er weiß, dass er keine perfekte Leistung vollbringen kann. Oder aber er steigert sich maßlos in eine Sportart hinein, um eben doch perfekt darin zu werden. Wieder eine andere Form des Perfektionismus bezieht sich auf die Gefühle. Der Perfektionist ist immer unzufrieden mit sich selbst, weil er seine Gefühle nicht unter Kontrolle halten kann. Er möchte immer gelassen, freundlich, liebevoll sein. Aber er ist es nicht. Und so möchte er es mit Gewalt erreichen und erreicht gerade das Gegenteil. Von ihm geht dann keine Freundlichkeit und Güte aus, sondern Härte und Aggressivität. Oft ist es eine passive Aggression, die sich hinter einer freundlichen Fassade versteckt. Wenn man einen Perfektionisten auf einen Fehler aufmerksam macht, reagiert er höchst emotional, hat sich ganz und gar nicht im Griff und ist absolut nicht perfekt. Andere Perfektionisten können kein falsches Wort beim andern stehen lassen. Sie müssen jeden sofort verbessern und verlieren sich dann in unendlich lange Diskussionen, was nun stimmt und was nicht. Bei einem Konzert können sie aus der Haut fahren, wenn da ein falscher Ton gesungen oder gespielt wird. Perfektionisten haben übertriebene Erwartungen an sich selbst und an die andern. Sie möchten eine perfekte Ehe führen, ein perfektes Team bilden. Doch mit ihren perfektionistischen Erwartungen an den Ehepartner oder an die Teammitglieder kann das niemals gelingen.

Zum Zwang wird der Perfektionismus, wenn man auf Fehler regelrecht fixiert ist. Man kann dann die Arbeit nicht so lassen, wie sie ist, sondern kontrolliert nochmals, ob man auch wirklich alles richtig gemacht hat. Das führt dazu, dass man langsamer wird in seiner Arbeit, dass man de facto weniger erreicht. Ein Teufelskreis entsteht: Je perfekter man sein will, desto unvollkommener wird man. Je perfekter man seine Arbeit verrichten möchte, desto weniger leistet man. Es gibt einen Grundsatz der Psychologie: Wer alles kontrollieren will, dem gerät alles außer Kontrolle.

Ich kannte einen Angestellten in der Stadtverwaltung, der perfekt sein und absolut keinen Fehler machen wollte. Alle Formulare und Statistiken füllte er penibel aus. Doch das führte dazu, dass er immer mehr Überstunden machen musste. Er hat sich also selbst geschadet. Aber nicht nur sich, sondern auch der Stadtverwaltung. Denn im Bestreben, zur vollkommenen Zufriedenheit zu arbeiten, steckte er so viel Energie in wenig bedeutsame Formalitäten, dass er für wichtige Aufgaben keine Zeit und Energie mehr hatte.

Menschen, die unter einem Kontrollzwang leiden, versuchen ihr Leben dadurch in den Griff zu bekommen, dass sie alles übertrieben oft kontrollieren. Sie gehen fünf Mal am Abend zur Haustür und prüfen, ob sie auch wirklich abgeschlossen ist. Sie kontrollieren, ob die Herdplatten alle ausgeschaltet sind. Manche Menschen werden durch solche Zwänge lebensuntauglich, weil sie zu viel Energie für das Kontrollieren verbrauchen und dabei nie zur Ruhe kommen.

Letztlich steckt eine abgrundtiefe Angst hinter diesem Kontrollzwang. Es ist nicht nur die Angst, dass jemand einbrechen oder durch die nicht ausgeschaltete Herdplatte ein Brand entstehen könnte. Es ist auch die Angst vor einer Schuld. Man möchte eine absolut reine Weste haben, ohne jeden Fleck. Doch das ist ein Ideal, das zu hoch ist, das wir nie erreichen werden. So ist die Einschätzung, man müsste fehlerlos, absolut ehrlich, gerecht, liebevoll, freundlich sein, ein maßloser Anspruch an sich selbst.

Wer perfektionistisch veranlagt ist, blockiert sich oft in seinem Tun. Er kommt mit seiner Arbeit nicht voran. Eine Frau konnte ihre Doktorarbeit nicht fertig stellen, weil sie statt weiterzuschreiben immer das Geschriebene wieder korrigiert hat. Andere wollen an sich arbeiten, um disziplinierter zu werden und ihr Leben so zu leben, wie sie es ihrem hohen Ideal schulden. Doch sie kommen mit ihrer Arbeit an sich selbst nicht weiter, weil sie zu viel wollen. Jesus schreibt diesen Perfektionisten ins Stammbuch: »Keiner, der die Hand an den Pflug gelegt hat und nochmals zurückblickt, taugt für das Reich Gottes.« (Lk 9,62) Wer ständig zurückschaut, ob seine Furche auch gerade und tief genug ist, der wird genau das Gegenteil erreichen. Durch das Zurückschauen wird die Furche ungerade. Wir sollen das Vergangene hinter uns lassen und uns einfach dem zuwenden, was wir tun.

Perfektionisten leiden an sich selbst. Aber sie bringen auch andere zum Leiden, wenn sie ihre perfekten Erwartungen auf sie richten. So müssen Perfektionisten immer am andern einen Fehler entdecken. Sie gehen zum Arzt. Aber anstatt auf die Heilung ihrer Wunden zu schauen, sind sie fixiert auf etwaige Fehler des Arztes. Oder sie haben unrealistische Vorstellungen von ihrem Therapeuten. Sie erwarten von ihrem Arzt, Therapeuten oder auch Seelsorger nahezu göttliche Verhaltensweisen und Eigenschaften. Und da sie immer wieder begrenzten und auch fehlerhaften Menschen begegnen, gehen sie von einem Arzt zum andern, von einem Therapeuten zum andern. Keiner kann ihren Erwartungen und Ansprüchen genügen, weil sie das Grundgefühl in sich tragen, selbst nicht zu genügen. Der Arzt, Therapeut oder Seelsorger darf jedoch nicht in diese Falle tappen. Nur indem er zu seiner eigenen Begrenztheit steht, kann er den Klienten mit Geduld dahin bringen, sich mit seinen Grenzen auszusöhnen.

Dennoch steckt im Perfektionismus durchaus auch eine positive Antriebskraft: Ich möchte meine Arbeit gut machen. Ich möchte gut sein. Ich gebe mich nicht damit zufrieden, irgendwie zu arbeiten. Ich möchte das Optimale herausholen. Daher soll man liebevoll mit sich umgehen, wenn man den Hang zum Perfektionisten in sich spürt. Und versuchen, sich langsam von ihm zu verabschieden.

Manche Perfektionisten wollen jedoch ihren Perfektionismus auf perfekte Weise austreiben. Doch das gelingt nicht. Ich kann meinen Perfektionismus immer nur relativieren. Und ich kann humorvoll damit umgehen. Ich lasse ihn zu, ich kenne ihn. Aber jetzt für diesen Augenblick folge ich ihm nicht. Wenn ich zum Beispiel perfekt sein will wie Gott, merke ich, dass das nicht möglich ist. Und ich erlaube mir, Mensch zu sein. Oder ich sage mir: Ja, da ist er wieder, mein Perfektionismus, der mich unter Druck setzt. Aber ich bin ihm nicht ausgeliefert. Jetzt möchte ich ihm mal nicht folgen. Jetzt gönne ich mir, die Dinge einfach so zu tun, wie ich es kann, nicht wie mein Über-Ich es mir vorschreibt.

Wir sollen unseren Perfektionismus nicht absolut überwinden, sondern ihn verwandeln in Gutsein. Es genügt schon, wenn wir gut zu unseren Mitmenschen sind und unsere Arbeit gut machen. Das deutsche Wort »gut« kommt ursprünglich von »zusammenfügen, zupassen«. Es meint also, dass ein Mensch in eine Gemeinschaft gut passt, dass er sich gut einfügen kann, dass er brauchbar ist. Das Wort ist vom Bauen genommen. Etwas passt gut in die Mauer. Es trägt die Mauer mit. Es fügt sich ein. Der perfekte Stein würde nicht in die Mauer passen, weil er sich von den anderen Steinen zu sehr unterscheidet und etwas Besonderes ist. Es genügt, wenn es ein guter Stein ist. Der perfekte Mensch tut sich auch mit der Gemeinschaft schwer. Er ist nie zufrieden mit ihr, hat immer zu hohe Ansprüche und fällt daher aus dem »Rahmen«. Er fügt sich nicht in den Bau der Gemeinschaft ein. Gute Steine dagegen formen die Mauer so, dass sie hält und für alle gut ist.

Dass jeder Mensch sich nach dem Guten sehnt und gut sein will, ist in seine Seele eingeschrieben. Das Gute ist das Gegenteil des Bösen. Gut und Böse sind moralische Kategorien. Aber von der Sprache her sind gut und böse nicht nur moralisch zu sehen, sondern auch vom rechten Maß des Menschen. Die deutsche Sprache sieht das Gute als das, was sich in die Gemeinschaft einfügt. Man könnte auch sagen: Das Gute ist das, was dem richtigen Maß entspricht. Das Wort »böse« meint ursprünglich: aufgeblasen, geschwollen. Es drückt also die Maßlosigkeit aus. Jemand bläht sich auf, er gibt sich nicht mit sich zufrieden, so wie er ist. Er möchte größer erscheinen, als er ist.

Die Griechen haben gut und böse in einen anderen Zusammenhang gestellt. Das Gute ist für die Griechen immer auch das Schöne. Sie sprechen von *kalos k' agathos* = schön und gut. Und sie übersetzen das Wort, mit dem Gott seine Schöpfung beendet, mit »schön«. Gott sah, dass alles sehr schön war. Schön entspricht dem richtigen Maß. Das Gegenteil ist für die Griechen *kakos*. Es bedeutet nicht nur böse und schlecht, sondern vom Ursprung eigentlich: das, was dem Wesen der Dinge nicht entspricht, oder das, was einem Ding »zu viel« anhaftet. Es ist das Unpassende, das Unangemessene, das kein Maß hat. Das Gute und Schöne ist für die Griechen also auch das Zeitgemäße, das, was dieser Stunde (*hora*) entspricht. Das Hässliche ist dagegen das *a-oros*, das aus der Stunde herausfällt, das nicht in diesen Augenblick passt, das Unpassende. Gut ist das, was der Zeit entspricht, schlecht ist das, was ihr widerspricht. Es genügt, dass wir gut sind, perfekt müssen wir nicht sein. Wir sollen so sein, wie es unserem Wesen entspricht. Wer perfekt sein will, erhebt sich über sein Maß. Er rebelliert letztlich dagegen, dass er Mensch ist, begrenzt und sterblich. Er möchte sein wie Gott. Und das ist eigentlich die Ursünde. Insofern trifft sich das Böse mit dem Perfekten. Es steht uns nicht zu, uns wie Gott zu gebärden. Wir sollen Ja sagen zu unserem Menschsein. Und wir sollen die Sehnsucht nach dem Guten, die in unserer Seele liegt, nach Möglichkeit verwirklichen und erfüllen.

Schönheit und Maß

Schon in etymologischer Hinsicht – so haben wir gesehen – hängen nicht nur das Gute und das rechte Maß zusammen, sondern auch Schönheit und Maß. Unter dem Titel »Schönheit und Maß« wurden die Beiträge der Eranos-Tagungen in den Jahren 2005 und 2006 herausgegeben. Dort haben Psychologen, Theologen und Philosophen über die Verbindung von Maß und Schönheit nachgedacht. Daher möchte ich diesem Zusammenhang etwas nachsinnen.

Für Thomas von Aquin ist das Schöne immer *claritas et concordantia*. Das Schöne ist das Glänzende, aber es ist auch das, was zusammenklingt, was übereinstimmt. *Concordantia* meint das Zusammenklingen der Saiten. Es meint aber auch die Eintracht: eins mit dem Herzen sein. Das Schöne entspricht unserem Herzen. Es klingt zusammen mit unserem Herzen. Es entspricht unserem Herzen. Für Thomas hat das Schöne also auch immer mit dem rechten Maß zu tun. Es stimmt mit ihm überein. Das können wir auch so sehen: Etwas, was z. B. nach dem goldenen Schnitt geformt ist, ruft in uns das Gefühl von Schönheit hervor. Schön ist für uns das, was ebenmäßig, was maßvoll ist, was dem Wesen der Dinge entspricht. Für die Griechen ist das Böse das, was dem Wesen widerspricht.

Auf der Eranos-Tagung stellte der Theologe Hubert Herkommer fest: »Vollkommene Schönheit beruht auf einer Ästhetik des Maßes und der Proportion.«[*] Und er zitierte die Meinung der mittelalterlichen Philosophie, »nach der die Schönheit das adäquate Gefäß des Guten

---

[*] Herkommer, S. 65

ist«.* Die idealen Männer- und Frauengestalten sind »gerade deshalb schön, weil sie gut sind, und gerade deshalb gut, weil sie schön sind«.** Das rechte Maß garantiert nicht nur die Schönheit, sondern auch das Gutsein. »Es ist das rechte Maß, das Schönheit und sittliches Handeln, Harmonie und rechte Ordnung begründet und garantiert.«***

Nicht erst im christlichen Mittelalter sah man Schönheit und Maß zusammen, sondern schon bei den alten Ägyptern. Erik Hornung nennt die Kultur Altägyptens eine Kultur des Maßes. Die Ägypter sprechen von »Maat«. Maat meint »die Stimmigkeit der Welt, im Kosmos wie im menschlichen Leben. Die Dinge entsprechen der Maat, wenn sie in der rechten Ordnung sind.«**** Doch man soll auch die Ordnung nicht übertreiben, weder in der Ethik noch in der Ästhetik. Die altägyptische Kunst arbeitet zwar mit strenger Symmetrie, aber sie durchbricht sie auch immer wieder. Sie macht immer wieder Ausnahmen. Das rechte Maß meint nie eine starre Ordnung, sondern immer eine Ordnung, die lebendig ist, die dem Lebendigen gerecht wird und daher keinem starren Schema folgt.

Auch die Griechen haben Schönheit mit dem rechten

---

* Herkommer, S. 66
** ebd. S. 67
*** ebd. S. 67
**** Hornung, S. 228

Maß verbunden. Das ist an ihren Statuen deutlich zu erkennen. Wie Maß und Schönheit zusammenhängen, das zeigt die Lebensbeschreibung des ersten Mönches, Antonius. Sie stammt von Bischof Athanasius, einem griechisch denkenden Theologen. Er beschreibt, wie Antonius nach zwanzig Jahren aus seiner selbst gewählten Klause heraustrat: »Die Verfassung seines Innern war rein. Denn weder war er durch den Missmut grämlich geworden noch in seiner Freude ausgelassen, auch hatte er nicht zu kämpfen mit Lachen oder Schüchternheit … Er war vielmehr ganz Ebenmaß, gleichsam geleitet von seiner Überlegung und sicher in seiner eigentümlichen Art.«* Die Schönheit des Antonius drückt sich aus im Ebenmaß, nicht nur im Ebenmaß der Gesichtszüge und der Glieder, sondern auch im Ebenmaß der Gefühle und des Denkens.

Die Schönheit wird nicht nur in der bildenden Kunst gerade durch das rechte Maß und die gute Ordnung gewahrt, sondern auch in der Musik. Da geht es um das rechte Zeitmaß, um den guten Rhythmus. Der Rhythmus ist eine wesentliche Bedingung dafür, dass eine Melodie als schön erfahren wird. Zu schnelle Rhythmen oder der Rhythmus des Marsches, in dem alles einer strengen Ordnung unterworfen wird, tun dem menschlichen Ohr und seiner Seele nicht gut. Der angemessene

---

* Athanasius, S. 705

Rhythmus dagegen, der immer wieder durchbrochen wird, bewirkt das Gefühl von Schönheit im Menschen. Wir wissen, dass sowohl das Anschauen schöner Bilder als auch das Anhören schöner Musik eine heilende Wirkung auf den Menschen haben. Das Schöne bringt uns in Berührung mit dem Schönen in uns. Es bringt uns ins richtige Maß. Und die Musik – so sagt schon der Kirchenvater Johannes Chrysostomus im 4. Jahrhundert – rhythmisiert die menschliche Seele. Der Rhythmus der Musik bringt den Menschen mit seinem inneren Rhythmus in Berührung. Und das ist heilsam für ihn.

»Wie zahlreich sind doch die Dinge, derer ich nicht bedarf«

Viele Menschen fragen sich, was sie alles brauchen. Wenn sie diese Frage stellen, haben sie oft das Gefühl, dass sie nicht alles haben, was sie benötigen. Sie bräuchten noch viel mehr. Oft werden ihre Wünsche gar nicht durch Fragen geweckt, sondern durch Angebote. Sie sehen im Supermarkt schöne Dinge, schmackhafte Speisen, praktische Küchengeräte, und schon wird in ihnen der Wunsch wach: Das könnte ich auch brauchen. Das täte mir gut. Das würde mir schmecken. Das würde die Arbeit in der Küche vereinfachen. Oder: Wenn ich das neueste I-Pod hätte, dann könnte ich mitreden, dann wäre ich bei den andern anerkannt. Und so werden unsere Wünsche immer größer, oft so groß, dass das Geld, das uns zur Verfügung steht, gar nicht ausreicht, um sie uns zu erfüllen. Dann nehmen wir einen Kredit auf, um unseren Konsum zu finanzieren. Doch irgendwann gibt es eine Grenze, die wir nicht überschreiten dürfen. Sonst führt das ständige Wünschen in die Privatinsolvenz.

Der griechische Philosoph Sokrates hat die Menschen seiner Zeit immer wieder mit Aussagen konfrontiert, die sie aus ihrem eingefahrenen Denken herausführen sollten: Wenn Menschen gejammert haben, dass sie nicht genug besitzen, um ein glückliches Leben zu führen, dann hat er ihnen eine Antwort gegeben, die sie verunsichert und ihr Jammern in Frage gestellt hat. So eine typisch sokratische Antwort auf das Lamentieren unzufriedener Menschen war: »Wie zahlreich sind doch die Dinge, derer ich nicht bedarf.« Anstatt zu jammern, dass er zu wenig hat, dreht Sokrates den Spieß um. Er freut sich darüber, dass er so viele Dinge gar nicht braucht. Er entschuldigt sich nicht, dass er das, was andere für notwendig halten, nicht besitzt. Er rühmt sich vielmehr seiner inneren Freiheit. Das war für die Griechen das höchste Gut. Wer frei ist – auch gegenüber den äußeren Dingen –, der ist wirklich ein weiser Mensch.

Das wäre zum Schluss der Darlegungen über das rechte Maß eine gute Übung für uns. Wir sollten uns mit Sokrates einmal fragen: Welche Dinge brauche ich *nicht?* Wenn wir diese Frage stellen, wird uns sicher vieles einfallen, das wir entbehren können. Für den einen ist es der Fernseher, für den Stadtbewohner das Auto, mit dem er nur ständig Parkprobleme hat, für den andern ist es die Markenkleidung, deren hoher Preis in erster Linie aus dem bekannten Namen resultiert, oder das Handy oder I-Pad. Manche sind traurig, weil sie sich das neueste Modell nicht leisten können, andere sind dankbar, dass sie es gar nicht brauchen. Wieder andere verzichten gerne auf die neueste Skiausrüstung oder auf weite Reisen im Urlaub. Sie erfreuen sich am Urlaub in der Nähe ihres Wohnortes.

Als ich Cellerar war, wurde ich von verschiedenen Banken eingeladen. Wir hatten oft gute Gespräche. Manchmal fragte mich ein Bankdirektor, ob ich diese oder jene Sendung im Fernsehen gesehen hätte. In der Frage lag schon so etwas wie eine Verpflichtung: Jeder gute Staatsbürger, jeder gebildete Mensch müsste diese Sendung gesehen haben. Aber ich habe dann immer lächelnd geantwortet: »Ich schaue nicht fern.« Das hat den Fragesteller verunsichert. Aber vielleicht hat es in ihm auch die Frage ausgelöst, ob es wirklich nötig ist, so viele Sendungen anzuschauen, nur damit er mitreden kann. Ob er sie wirklich braucht. Auch da gilt es heute das rechte Maß zu finden. Ich bin froh, dass ich keinen Fernseher habe. In den Fernsehräumen, in denen wir im Kloster drei Programme anschauen können, bin ich fast nie. Denn der Abend ist mir zu schade, um fernzusehen. Ich lese viel lieber. Ich vermisse das Fernsehen nicht. Ich vermisse auch das Internet nicht und nicht das I-Pad. Ich habe zwar ein Handy. Aber das trage ich normalerweise nie mit mir. Nur wenn ich Auto fahre, benutze ich es – um im Notfall anzukündigen, dass ich zu spät zum Vortrag komme.

Jeder wird andere Dinge finden, derer er nicht bedarf. Und wenn wir uns das voller Stolz verkünden, dann sind wir auf dem Weg zum rechten Maß. Dann hat das Finden des rechten Maßes nichts Moralisierendes an sich und nichts Asketisches und Strenges. Es macht vielmehr Spaß, auf manches zu verzichten, was heute jeder zu brauchen meint. Wir befreien uns von der Tyrannei der Meinung und von der Tyrannei der uns aufgedrängten Bedürfnisse. Das rechte Maß verleiht uns ein Gefühl der Freiheit und der Lust am Leben. Wir leben unser Leben selber, anstatt gelebt zu werden, anstatt von den Bedürfnissen bestimmt zu werden. Wir leben unser Leben so, wie es angemessen ist, wie es unserem Maß entspricht. Dann ist es ein glückliches Leben. Wer maßlos ist, wird nie glücklich. Er braucht immer noch mehr und kann doch nie das alles haben, was er meint haben zu müssen.

Schluss

Wir leben in einer Überflussgesellschaft. Aber wir haben erkannt, dass der Überfluss uns nicht glücklicher macht. Überfluss verführt vielmehr zur Maßlosigkeit. Wenn der Mensch in sich nicht das rechte Maß hat, dann wird er von dem Übermaß an Angeboten erdrückt. Daher ist es so wichtig, gerade in unserer Zeit der unbegrenzten Möglichkeiten über das rechte Maß nachzudenken. Dabei möchte ich nicht moralisieren und den Teufel an die Wand malen. Über das rechte Maß nachzudenken ist für mich vielmehr eine Hilfe, um den Weg zum gelingenden Leben zu finden. Denn bei aller Maßlosigkeit, die wir in unserer Gesellschaft wahrnehmen, entdecke ich bei sehr vielen Menschen die Sehnsucht nach dem rechten Maß und bei vielen auch ein Gespür für das rechte Maß. Diese Menschen möchte ich ansprechen und sie bestärken, dass sie ihrem inneren Gespür trauen und sich nicht von andern Menschen verunsichern lassen sollen.

In diesem Buch habe ich mich immer wieder auf die Regel des hl. Benedikt bezogen. Er nennt die »weise

Mäßigung die Mutter aller Tugenden«. Und seine Regel ist vom rechten Maß geleitet. Daher hat sie sich gegenüber vielen anderen Mönchsregeln, die es zu seiner Zeit gab, durchgesetzt und die Klöster des Mittelalters bis in unsere Zeit hinein geprägt. Die Zeit Benedikts war von Maßlosigkeit und einem Verfall der alten Ordnung gekennzeichnet. Die Völkerwanderung hat alle Maßstäbe der römischen Kultur verrückt. Daher war es Benedikt wichtig, mitten im Chaos seiner Zeit eine Gemeinschaft zu gründen, die wie ein fester Baum dem Sturm der Zeit standhielt. Dazu waren ihm zwei Aspekte wichtig: das rechte Maß und die Ordnung.

Benedikt hat das Leben der Mönche in eine gute Ordnung gebracht. Und er stellte seinen Mönchen die weise Mäßigung als die eigentliche Tugend vor Augen. Drei Wörter sind hier von Bedeutung: 1. *Mensura* – das ist das Getreidemaß, mit dem wir messen. 2. *Temperare* = mäßigen. Dieses Wort kommt von *tempus* = Zeit. Es geht also um das rechte Zeitmaß, um den guten Rhythmus, in dem wir leben. 3. *Discretio* – die Gabe der Unterscheidung. Sie ist die Kunst, ein Gespür zu entwickeln für den einzelnen Menschen und für die jeweilige Situation, in der er steht. Wir sind in diesem Buch immer wieder diesen drei Wörtern begegnet. Ich habe versucht, sie auf unser heutiges Leben zu beziehen. Das Verständnis für das rechte Maß, das wir in der Regel des hl. Benedikt finden, tut auch uns heute gut.

Auf unser heutiges Leben bezogen bedeuten die drei Wörter für mich: 1. Wir brauchen das richtige Maß, um uns selbst zu messen, um mit den Ressourcen der Schöpfung und der eigenen Psyche angemessen umzugehen. Wir brauchen einen nachhaltigen Umgang mit der Natur und mit unseren eigenen Kräften. 2. Wir brauchen ein gutes Zeitmaß, einen angemessenen Rhythmus für unser Leben. Wer ohne Rhythmus lebt, der kommt aus dem Tritt, der verliert seinen Halt. 3. Wir brauchen die *discretio*, die Gabe der Unterscheidung. Wir sollen unsere Welt mit nüchternen Augen anschauen, sie weder verteufeln noch verherrlichen, sondern unterscheiden, was für uns gut ist und was nicht, was uns die heutige Welt an Chancen gibt und wo die Gefahren liegen. Die *discretio* sieht nicht schwarz-weiß, sie unterscheidet in allem, was sie beobachtet, was dem Geist Gottes entspricht und was dem Ungeist irgendwelcher Ideologien entspringt. Die Unterscheidung der Geister war im frühen Mönchtum eine wichtige Tugend. Wir bräuchten diese Tugend heute noch viel mehr, da es so vieles gibt, was auf uns einströmt. In dem Überangebot an Lebenshilfen und Lebensorientierungen haben viele ihre eigene Spur verloren. Sie bräuchten die *discretio*, um zu erkennen, was ihrem Wesen entspricht und was ihnen wirklich guttut.

Wir haben gesehen, dass das Thema Maß viele Aspekte des menschlichen Lebens berührt: den Konsum, den Umgang mit der Schöpfung, den Umgang mit uns selbst, die Bilder, die wir von uns selbst haben, die Erwartungen an uns und an die anderen, das rechte Zeitmaß, den guten Rhythmus und heilsame Rituale. Darüber hinaus bezieht sich das Maß auf die Gesundheit des Menschen. Wer gesund leben will, braucht ein Gespür dafür, was er seinem Leib und seiner Seele zutrauen kann, was er leisten kann und was er für sich selbst tun muss. Und schließlich gibt es ohne das rechte Maß auch keine Schönheit. Wer sich maßlos um seine Schönheit kümmert, verliert sie aus den Augen.

Das rechte Maß tut dem Menschen gut. Es entspricht seinem Wesen. Daher geht es beim Thema »Maßhalten« nicht um moralische Appelle, sondern um einen Weg zu einem gesunden Leben, zu einem guten Leben und zu einem schönen Leben. Und es geht um eine Kultur des Lebens. So wie die altägyptische Kultur und auch die griechische Kultur eine Kultur des Maßes waren, wäre es auch unsere Aufgabe, in unserer Welt eine neue Kultur des rechten Maßes zu schaffen. Das wäre sicher ein Segen für die Menschen unserer Zeit und für die Völker dieser Erde.

Die Kultur des Maßes fängt beim Denken an. Wir sollen uns verabschieden von Denkweisen, die unserem Wesen nicht gerecht werden. Doch die Kultur des Maßes braucht auch das maßvolle Handeln, den maßvollen Umgang mit uns selbst, mit den andern und mit der Schöpfung. Und das rechte Maß braucht einen guten Ausgleich zwischen Genießen und Verzichten, zwischen Arbeit und Ruhe, zwischen Gespräch und Stille, zwischen Gemeinschaft und Alleinsein.

So wünsche ich allen Leserinnen und Lesern, dass sie ihr eigenes Maß finden. Ich wollte Ihnen mit diesem Buch kein schlechtes Gewissen machen. Wenn Sie also entdecken, dass Sie nicht immer das rechte Maß leben, dann verurteilen Sie sich nicht. Nehmen Sie es vielmehr als Einladung, sich auf den Weg zum rechten Maß zu machen. Für Benedikt ist das wichtigste Wort für das rechte Maß die *discretio*. Es ist für mich nicht nur die Gabe der Unterscheidung, sondern auch das Gespür für die Weisheit der eigenen Seele, für das, was für mich angemessen ist. Mit diesem Buch möchte ich Sie einladen, mit der Weisheit Ihrer eigenen Seele in Berührung zu kommen. Ihre Seele hat ein Gespür für das rechte Maß, das Ihnen angemessen ist. Trauen Sie der Weisheit Ihrer Seele. Lassen Sie sich von der Maßlosigkeit, die Ihnen in unserer Gesellschaft ständig vor Augen gehalten wird, nicht beeindrucken. Trauen Sie dem eigenen Maß und der eigenen Weisheit. Dann werden Sie Ihr Leben so leben, wie es Ihrem Wesen entspricht und wie es für Sie gut ist. Dann wird Ihr Leben nicht nur gut, sondern auch schön. Es bekommt den Glanz des rechten Maßes. Das wünsche ich Ihnen von ganzem Herzen.

Literaturnachweis

Athanasius: Leben des heiligen Antonius, übersetzt v. H. Mertel. Kempten/München 1917.

Bruckner, Pascal: Ich leide, also bin ich. Die Krankheit der Moderne. Eine Streitschrift, Weinheim 1996.

Hedwig, Klaus: Wesen, in: *Lexikon für Theologie und Kirche*, Bd. 10. Freiburg 1995.

Herkommer, Herbert: Die Schönheit des Gottessohnes und der Gottesmutter. Historische Betrachtungen zur Ästhetik des Heiligen, in: *Schönheit und Mass, Beiträge der Eranos Tagungen 2005 und 2006*, Basel 2008.

Hornung, Eric: Die Vermessung der Unterwelt. Altägypten als Kultur des Masses, in: *Schönheit und Mass, Beiträge der Eranos Tagungen 2005 und 2006*, Basel 2008.

Jung, C. G.: Mensch und Seele. Aus dem Gesamtwerk 1905–1961. Ausgewählt und herausgegeben von Jolande Jacobi. Olten 1971.

Kästner, Erhart: Die Stundentrommel vom heiligen Berg Athos. Wiesbaden 1956.

Kreisman, Jerold J. und Hal Straus: Ich hasse dich – verlass mich nicht. Die schwarzweiße Welt der Borderline-Persönlichkeit. München 1992.

Lambert, Bernhard M.: Discretio, in: *Praktisches Lexikon der Spiritualität*. Herausgegeben von Christian Schütz. Freiburg 1988.

Lang, Hugo: Die benediktinische Discretio, in: *Einsicht und Glaube*, herausgegeben von Gottlieb Söhngen, Joseph Ratzinger und Heinrich Fries. Freiburg 1962.

Roloff, Jürgen: Der erste Brief an Timotheus. Zürich 1988.

Schipperges, Heinrich: Hildegard von Bingen. Ein Zeichen für unsere Zeit. Frankfurt 1981.

Schmid-Bode, Wilhelm: Maß und Zeit. Entdecken Sie die neue Kraft der klösterlichen Werte und Rituale. Frankfurt 2008.

Schorlemmer, Friedrich: Die Gier und das Glück. Wir zerstören, wonach wir uns sehnen. Freiburg 2014.